## マンション評価の新たな手法

# 居住用区分所有財産の
# 評価の実務

新通達で変わるマンションの相続税評価額
実務に即した事例形式で分り易く解説
令和6年5月14日付で公表されたQ&A
（国税庁情報）も盛込み詳解

税理士・不動産鑑定士 松本 好正 著

一般財団法人 大蔵財務協会

# は し が き

　本書は、令和5年9月28日付で国税庁から公表され、令和6年1月1月以降に施行される個別通達「居住用の区分所有権財産の評価について」の解説書です。

　マンション評価については、従来から路線価方式の計算の性質上、時価と相続税評価額との間に開差があると言われてきましたが、ここ10年位前から急激に増えた超高層マンションに関していえば、さらにその開差が大きくなり、マンション業者、金融機関、仲介業者などが開差を利用した相続税対策を口実に相当数のマンションを売り込み、一般の土地の相続税評価額と比較して不公平感が生じていました。

　また、令和4年4月19日付の最高裁判決において、評価通達の定めに従って算定した納税者の相続税評価額が否認され、国税当局が評価通達6項の規定に基づき算定した鑑定評価額が採用されることになり、マンション評価に限っていえば、評価通達6項に基づいた時価申告に頼らざるを得ないのかといった意見も出ておりました。

　そうした背景のもと、令和5年度の与党税制改正大綱において、「相続税におけるマンションの評価方法については、相続税法の時価主義の下、市場価格との乖離の実態を踏まえ、適正化を検討する。」旨が盛り込まれ、令和5年1月に有識者会議が設置され、その後、3回の会議を経て新たな個別通達が制定されました。

　個別通達の内容に関して言えば、①築年数、②総階数、③所在階、④敷地持分狭小度などの4つの要因指数を使って、評価乖離率を算出し、推定時価と相続税評価額との開差に応じて一定の区分所有補正率を乗じて算定するとされており、非常にシンプルで分かり易いものとなっています。

とはいうものの、新たに制定された個別通達であるが故、適用に疑念が生じるケースや通達の中で規定された算式に算入する数値がよくわからないといったこともあるかと思います。

　本書では、国税庁から令和6年5月14日付けで公表された「居住用の区分所有財産の評価に関するQ＆A」（情報）も盛込み、評価乖離率の意義、昭和58年以前の敷地利用権割合が表示されていないマンション及び個別通達の適用除外のケースなど、事例を多く用いて分かり易く説明しております。

　なお、個別通達は、最高裁判決の結果を踏まえ、納税者の予見性も考慮し制定されたものですが、個別通達による評価額と時価との間に相当の開差があり、個別通達による画一的な評価を行うことが実質的な租税負担の公平に反するというべき事情がある場合には、評価通達6項の適用も可能ということですので、マンション評価を個別通達に従って評価さえすれば、税務上の問題は生じないとするのは誤りです。

　個別通達の評価対象は3階以上の居住用マンション全てとありますので適用範囲は広いです。したがって、いったん知識として習得してしまえば今後も十分に役立つものと思います。この機会に本書を御一読して、個別通達を理解され、今後の実務の参考にしていただければ幸いです。

　最後になりますが、本書の企画から発刊に至るまでご尽力をいただいた大蔵財務協会の木村理事長をはじめ、出版編集部の方々に謝辞を申し上げます。

令和6年6月吉日

松本　好正

# 【目　次】

## Ⅰ　居住用の区分所有財産の評価の概要

### 1　高層マンションに係る評価通達改正の経緯

### 2　居住用の区分所有財産（いわゆる分譲マンション）の評価方法の創設

## 3 | 創設されたマンション評価における留意事項

## 4 | 居住用の区分所有財産の評価額の計算例

## Ⅱ 質疑応答事例

# Ⅲ　参考資料

# I

## 居住用の区分所有財産の評価の概要

# 1 | 高層マンションに係る評価通達改正の経緯

## (1) 評価通達改正の経緯

　相続税及び贈与税における財産の価額は、相続税法第22条の規定により、「財産の取得の時における時価による」こととされており、これを受けて国税庁では、財産評価基本通達（平成3年12月18日付、課評2－4、課資1－6「相続税財産評価に関する基本通達の一部改正について」、以下「評価通達」といいます。）において各種財産の具体的な評価方法を定めています。

　評価通達に定める評価方法については、相続税法の時価主義の下、より適正なものとなるよう改正が毎年のように行われていますが、こうした中で、マンションの「相続税評価額」については、路線価方式の計算の性質上「時価（市場売買価格）」との大きな乖離が生じるケースが非常に多く、それを狙って、マンション業者、銀行、不動産仲介業者などが高層マンションを利用した相続税対策を公然と勧めるようになり、一般土地の「相続税評価額」と比較して不公平感が生じていました。

　また、令和4年4月19日の最高裁判決（巻末の参考資料参照）において、評価通達の定めに従って評価した相続税評価額が採用されずに、国税当局が評価通達6項に基づき算定した鑑定評価額が採用され、今後のマンション評価に当たり評価通達6項に基づいた時価申告に頼らざるを得ないのかといった疑問が税理士の間でも起きていました。

　こうした中で、令和5年度与党税制改正大綱（令和4年12月16日決定）において、「相続税におけるマンションの評価方法については、相

続税法の時価主義の下、市場価格との乖離の実態を踏まえ、適正化を検討する。」旨が盛り込まれました。

　そして、マンションの相続税評価について、市場価格との乖離の実態を踏まえた上で適正化を検討するため、令和5年1月に有識者会議が設置され、マンション評価の改正に向けて一歩踏み出すこととなりました。

## (2)　マンションの相続税評価額と市場価格との乖離の実態

　有識者会議の中でまず検討すべき事項として取り上げられたのが、評価通達改正前におけるマンションの相続税評価額と市場価格（時価）との乖離ですが、その結果は、次のとおりとなりました。

　なお、次のイからハのいずれの図表も、「マンションに係る財産評価基本通達に関する有識者会議について（令和5年6月2日国税庁報道資料）」からの抜粋となります。

---

（注1）　昨今のマンション市場は、建築資材価格の高騰等による影響を排除しきれない現状にあり、そうした現状において、コロナ禍等より前の時期として平成30年分の譲渡所得の申告により把握された取引事例に基づいています。

（注2）　マンションの相続税評価額とは、平成30年分の譲渡所得の申告により把握された取引事例に係る分譲マンションの相続税評価額をいいます。具体的には、それぞれの分譲マンションに係る土地部分の固定資産税評価額に近傍の標準地の路線価と固定資産税評価額との差に応ずる倍率及び敷地権の割合を乗じた額と家屋部分の固定資産税評価額との合計額により計算しています。

---

イ　マンションの相続税評価額と市場価格の乖離率の推移（全
　　国平均値）

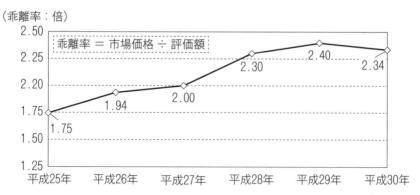

（乖離率：倍）

　上記よりマンションの相続税評価額と市場価格の乖離率（市場価格
÷相続税評価額）は右肩上がりの傾向にあり、平成30年時点では全国
平均で約2.34倍の開きとなっていました。

　令和6年1月25日に発表された不動産経済研究所の資料によれば、
東京23区内の新築分譲マンションの分譲価格の平均額は前年比39.4％
増の約1億1,483万円となっており、1億円を初めて突破しました（東
京23区の直近5年間の上昇幅は60％にも達しています。）。さらに、首
都圏（東京、神奈川、埼玉、千葉）の平均価額は28.8％上昇し、8,101
万円でした。

　こうした公表値から推測するに、令和6年時点では相続税評価額と
市場価格（時価）の乖離率は、さらに開いていると予測されます。

## ロ　マンションの乖離率の分布（平成30年）

（構成比）

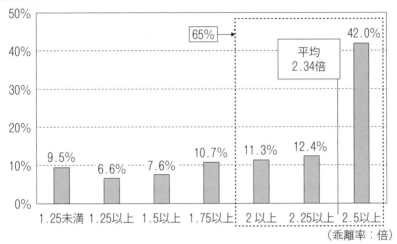

（乖離率：倍）

　平成30年のマンション乖離率（2.34倍）の内容を分析すると、乖離率が２倍以上のものが全体の65％を占めています。これは全国平均の数値ですが、地方都市より地価が高くマンションが林立している主要都市部ではこの割合がもっと大きく、超高層マンションなどの乖離率は５倍超となることも珍しくないと思われます。

## ハ　一戸建ての乖離率の分布（平成30年）

　一戸建ての乖離率は、次のとおりマンションのそれと比べると低く、平均乖離率は1.66倍（評価水準＝60％）で、乖離率が２倍以上になるものは約25％に過ぎません。路線価は、公示価格水準の80％（乖離率は1.25倍）であることを考慮すると、0.41倍程度（1.66倍－1.25倍）の

開差は許容範囲にあるものとして事実上認容しているのかもしれません。

　今回のマンション評価の改正では、一般戸建住宅との評価バランスも考慮するとされていますので、乖離率1.66倍（評価水準60％）が基準となっています。

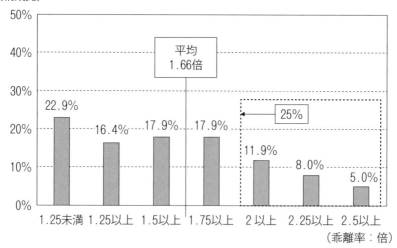

（構成比）

平均
1.66倍

22.9%　16.4%　17.9%　17.9%

25%

11.9%　8.0%　5.0%

1.25未満　1.25以上　1.5以上　1.75以上　2以上　2.25以上　2.5以上

（乖離率：倍）

（注）　係数はいずれも国税庁において実施したサンプル調査（平成25年～30年中に行われた取引について、不動産移転登記情報と所得税の確定申告データを突合）によります。

## (3)　マンションの相続税評価額と市場価格との乖離の要因分析

　改正される前の相続又は贈与（以下「相続等」といいます。）により取得した分譲マンション一室の相続税評価額は、評価通達の定めに基づき次の①と②の合計額により評価することになっていました（路線価地域の場合）。

| ① | 建物（区分所有建物）の価額 | + | ② | 敷地（敷地利用権）の価額 |
|---|---|---|---|---|
| | 建物の固定資産税評価額 | | | 1㎡当たりの単価（路線価）× 敷地全体の面積×敷地権の割合 |

　しかし、上記方法により算定されたマンションの相続税評価額は、実際の時価と比較して大きな乖離が生じているということが国税庁が行ったサンプル調査（平成25年～30年中に行われたマンション取引）によって明らかになりました。

　その主な要因と考えられる事項が次の点です。

〔建物に係る要因〕

　マンション一室の建物の相続税評価額（固定資産税評価額）は、一棟全体の再建築価格に評価対象となるマンション一室の専有面積の割合を乗じて計算しますが、市場価格は、それに加えて建物の総階数、マンション一室の所在階が考慮されているほか、さらに、築年数なども価格形成要因として把握され、こうした要因が複雑に絡み合って価格が形成されます。

　したがって、これらの要因の反映が不十分だと評価額が市場価格に比べて低くなると考えられます（**建物の効用の反映が不十分**）。

〔敷地に係る要因〕

　マンション一室を所有するための敷地利用権の相続税評価額は、敷地利用権割合（共有持分割合）で按分した面積に、1㎡当たり路線価を乗じて計算しますが、この面積は一般的に高層マンションほどより細分化され狭小となるため、敷地利用権の価格は安くなります。したがって、敷地持分が狭小になる超高層マンションは立地条件の良好な場所でも相続税評価額は市場価格に比べて低くなると考えられます（**立地条件の反映が不十分**）。

そこで、相続税評価額が市場価格と乖離する要因と考えられる①築年数、②総階数（総階数指数）、③所在階、④敷地持分狭小度の４つの指数に基づいて、評価通達によって算定した相続税評価額を修正する形での新通達が制定されることになりました。

　具体的には、これまでの相続税評価額を前提とした上で、市場価格との乖離要因（①築年数、②総階数、③所在階、④敷地持分狭小度）から乖離率を予測し、その乖離率の逆数である評価水準の区分に応じて現行の相続税評価額に区分所有補正率を乗じて計算する方法が採用されることになりました。

## 評 価 方 法 の 見 直 し の イ メ ー ジ

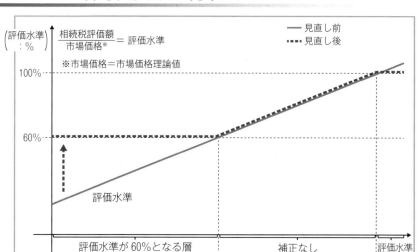

┌─ 概　要 ─┐

①　一戸建ての物件とのバランスも考慮して、相続税評価額が市場価格理論値の60％未満となっているもの（乖離率1.67倍を超えるもの）について、市場価格理論値の60％（乖離率1.67倍）になるよう評価額を補正する。

②　評価水準60％〜100％は補正しない（現行の相続税評価額×1.0）

③　評価水準100％超のものは100％となるよう評価額を減額する。

（注１）　令和６年１月１日以後の相続等又は贈与により取得した財産に適用する。

（注２）　上記の評価方法の適用後も、最低評価水準と重回帰式については、固定資産税の評価の見直し時期に併せて、当該時期の直前における一戸建て及びマンション一室の取引事例の取引価格に基づいて見直すものとする。

　　　また、当該時期以外の時期においても、マンションに係る不動産価格指数等に照らし見直しの要否を検討するものとする。

（出典：令和５年６月30日国税庁報道発表資料より）

# 2 居住用の区分所有財産（いわゆる分譲マンション）の評価方法の創設

## (1) 財産評価の基本的な考え方

相続税は、原則として、相続若しくは遺贈により取得した全ての財産の価額の合計額をもって、贈与税は、その年中において贈与により取得した全ての財産の価額の合計額をもって課税価格を計算することとされており（相法11の2、21の2）、これらの財産の価額について、相続税法は、「この章で特別の定めのあるものを除くほか、相続、遺贈又は贈与により取得した財産の価額は、当該財産の取得の時における時価による（時価主義）」旨を規定しています（相法22）。相続税法で特別の定めがあるものとは、地上権（借地権及び民法第269条の2第1項《地下又は空間を目的とする地上権》の地上権を除く）及び永小作権、配偶者居住権、定期金に関する権利、立木の評価に関する評価方法の諸規定（相法23～26）が該当します。

したがって、これ以外の財産は当該財産の取得時の時価により評価することになります。

そして、この「時価」とは、「課税時期において、それぞれの財産の現況に応じ、不特定多数の当事者間で自由な取引が行われる場合に通常成立すると認められる価額（客観的な交換価値）」をいい、その価額は、「この通達（評価通達）の定めによって評価した価額による」こととしており（評基通1）、評価通達により内部的な取扱いを統一し、これを公開することで課税の適正・公平を図るとともに、納税者の申告・納税

の便に供されています。

　このように、評価の原則が時価主義を採用しており、客観的な交換価値を示す価額を求めようとしている以上、財産の評価は自由な取引が行われる市場で通常成立すると認められる売買実例価額によることが最も望ましいですが、課税対象となる財産は、必ずしも売買実例価額の把握が可能な財産に限られないことから、評価通達においては、実務上可能な方法で、しかもなるべく容易かつ的確に時価を算定するという観点から、財産の種類の異なるごとに、それぞれの財産の本質に応じた評価の方法を定めています。

　不動産の評価においても、このような考え方に基づき、土地については、近傍の土地の売買実例価額や標準地の公示価格、不動産鑑定士等による鑑定評価額及び精通者意見価格等を基として評価する「路線価方式」や「倍率方式」によって評価することとしています。

　他方、家屋については、再建築価格を基準として評価される「固定資産税評価額」に倍率を乗じて評価することとしています（固定資産税評価額に乗ずる倍率は評価通達別表1で「1.0」と定めています。）。家屋について、再建築価格を基準とする評価としているのは、売買実例価額は、個別的な事情による偏差があるほか、家屋の取引が一般的に宅地とともに行われている現状からして、そのうち家屋の部分を抽出して算定することが困難である等の事情を踏まえたものです。

　ところで、居住用の区分所有財産（いわゆる分譲マンション）については、近年、不特定多数の当事者により市場において活発に売買が行われており、従来に比して類似の分譲マンションの取引事例を多数把握することが可能になっています。

このような状況下で平成30年中に取引された全国の分譲マンションの相続税評価額と売買実例価額との乖離について取引実態等を確認したところ、平均で2.34倍の乖離が把握され、かつ、約65％の事例で２倍以上乖離していることが明らかになりました（前記１⑵「マンションの相続税評価額と市場価格との乖離の実態」を参照）。

　また、不動産の相続税評価額と市場価格に大きな乖離がある事例について、評価通達６項《この通達の定めにより難い場合の評価》の適用が争われた最高裁（令和４年４月19日）判決以後、当該乖離に対する批判の高まりや、取引の手控えによる市場への影響を懸念する向きも見られたことから、課税の公平を図りつつ、納税者の予見可能性を確保する観点からも、類似の取引事例が多い分譲マンションについては、いわゆるタワーマンションなどの一部のものに限定しないで、広く一般的に評価方法を見直す必要性が生じました。<sup>（注）</sup>

---

（注）　令和５年度与党税制改正大綱（令和４年12月16日決定）において、「マンションについては、市場での売買価格と通達に基づく相続税評価額とが大きく乖離しているケースが見られる。現状を放置すれば、マンションの相続税評価額が個別に判断されることもあり、納税者の予見可能性を確保する必要もある。このため、相続税におけるマンションの評価方法については、相続税法の時価主義の下、市場価格との乖離の実態を踏まえ、適正化を検討する。」旨が盛り込まれました。

## ⑵　新たな評価方法の概要

　分譲マンションにおける相続税評価額と市場価格（売買実例価額）との乖離の要因として、まず、家屋の相続税評価額は、再建築価格に基づく固定資産税評価額により評価していますが、市場価格（売買実例価額）は、再建築価格に加えて建物総階数及び分譲マンション一室の所在階が考慮されているほか、築年数なども取引価格の決定に当たって考慮されていると考えられます。一方で、固定資産税評価額は、築年数（経年による減価）による減価を経過年数に基づいて行うことが多いと思いますが、それに重点を置きすぎると、相続税評価額が市場価格（売買実例価額）に比べて低くなるのではないかと考えました。

　また、土地（敷地利用権）の相続税評価額は、土地（敷地）の面積を敷地権の割合（共有持分の割合）に応じて按分した面積に、１㎡当たりの単価（路線価等）を乗じて計算しますが、当該面積は、一般的に高層マンションほどより細分化されて狭小となるため、当該面積が狭小なケースは、立地条件が良好な場所でも、その立地条件が敷地利用権の価額に反映されづらくなり、相続税評価額が市場価格（売買実例価額）に比べて低くなると考えました。

　そこで、相続税評価額が市場価格（売買実例価額）と乖離する要因と考えられた、①建物の築年数、②建物の総階数指数、③対象となるマンションの所在階及び④敷地持分狭小度[注1]の４つの要因を説明変数とし、相続税評価額と市場価格（売買実例価額）との乖離率を目的変数として、分譲マンションの取引実態等に係る取引事例について重回帰分析を行っ[注2]たところ、決定係数：0.587（自由度調整済決定係数：0.586）となる有[注3]意な結果が得られました。

13

（注1）「説明変数」とは、因果関係を検討する際に、ある要因によっ
　　　て結果に影響を及ぼす又は及ぼすことが推測される変数（要因）
　　　をいいます。

（注2）「重回帰分析」とは、複数の要因（説明変数）が結果（目的）
　　　に影響を与える度合いを分析する統計手法であり、根拠のある予
　　　測が可能となります。

　　　新たに定められた算式の4つの指数に係る係数及び切片の値は、
　　　次の重回帰分析の結果求められたものです。

| 回帰統計 | |
|---|---|
| 決定係数（注3） | 0.5870 |
| 自由度調整済決定係数（注4） | 0.5864 |
| 観測数 | 2478 |

| | 係数 | t－値 | P－値 | 最小値 | 最大値 | 平均値 | 標準偏差 |
|---|---|---|---|---|---|---|---|
| 切片 | 3.220 | 65.60 | 0.001未満 | | | | |
| 築年数 | △0.033 | △34.11 | 0.001未満 | 1 | 57 | 19 | 11.36 |
| 総階数指数 | 0.239 | 3.50 | 0.001未満 | 0.061 | 1 | 0.406 | 0.256 |
| 所在階 | 0.018 | 8.53 | 0.001未満 | 1 | 51 | 8 | 7.37 |
| 敷地持分狭小度 | △1.195 | △18.55 | 0.001未満 | 0.01 | 0.99 | 0.4 | 0.192 |

| 相　　関　　係　　数 | | | | | |
|---|---|---|---|---|---|
| | 乖離率 | 築年数 | 総階数指数 | 所在階 | 敷地持分狭小度 |
| 乖離率 | 1 | | | | |
| 築年数 | △0.635 | 1 | | | |
| 総階数指数 | 0.567 | △0.404 | 1 | | |
| 所在階 | 0.496 | △0.310 | 0.747 | 1 | |
| 敷地持分狭小度 | △0.523 | 0.240 | △0.578 | △0.417 | 1 |

（注3）「決定係数」とは、推定された回帰式の当てはまりの良さの度

14

合いを示す指標をいい、０〜１までの値をとります。１に近いほど回帰式が実際のデータに当てはまっていることをいい、別の言い方をすれば、説明変数が目的変数をよく証明しているということがいえます。

（注４）「自由度調整済決定係数」は、決定係数を補正するための係数です。すなわち、決定係数は説明変数の数が増えるほど１に近づくという性質を有していますが、そのため説明変数が多い場合には、この点を補正した「自由度調整済決定係数」を採用します。この決定係数が高いほど元データに対する当てはまりが良いことになります。

（注５）　観測数とは、得られたデータの個数をいいます。

　これらの結果を踏まえ、次の①及び②の理由から、後記(3)の算式のとおり評価することとなりました。

①　分譲マンションは流通性・市場性が高く、類似する物件の売買実例価額を多数把握することが可能であり、かつ、価格形成要因が比較的明確であることからすれば、それらの要因を指数化して売買実例価額に基づき統計的に予測した市場価格を基に乖離率を使って現行の相続税評価額を補正する方法が直截的であって分かり易く、また、実務的であること。

②　相続税評価額と市場価格（売買実例価額）との乖離の要因としては、上記４つの指数のほかにもあり得るかもしれないが、申告納税制度の下で納税者の負担を考慮すると、これらの４つの指数は、納税者自身で容易に把握可能なものであることに加え、特に影響度の大きい要因であると考えられること。

## (3) 居住用の区分所有財産（一室の区分所有権等）の評価方法

### イ　算式

居住用の区分所有財産（いわゆる分譲マンション）の相続税評価額は、次の算式により評価します。

《算式（自用の場合）》

$$
\underset{評価額}{相続税} = \overset{（家屋部分の評価額）}{\underset{有権の価額^{※1}}{従来の区分所} \times \underset{補正率}{区分所有}} + \overset{（敷地の共有持分の評価額）}{\underset{用権の価額^{※2}}{従来の敷地利} \times \underset{補正率}{区分所有}}
$$

※1　家屋の固定資産税評価額 ×1.0

※2　従来の敷地利用権の価額は、評価対象であるマンションの所在する地域によって路線価方式か倍率方式かに分かれます。

　(1)　路線価方式

　　$\underset{の路線価}{画地調整後}$ × 地積 × 共有持分（又は敷地利用権割合）

　(2)　倍率方式

　　$\underset{評価額}{固定資産税}$ × 評価倍率 × 共有持分（又は敷地利用権割合）

（注）　居住用の区分所有財産（分譲マンション）が貸家及び貸家建付地である場合のその貸家及び貸家建付地の評価並びに小規模宅地等の特例の適用については、新たに制定された個別通達を適用して算定した価額を基に行うこととなります。

### ロ　区分所有補正率

新しいマンション評価の方法は、従来の評価方法に従って算定した相続税評価額に区分所有補正率を乗じて計算しますが、区分所有補正率は次の手順により計算します。

　すなわち、区分所有補正率は、まず①算式により評価乖離率を求め、次に②評価乖離率の逆数から評価水準を把握した後、最終的に、③評価水準の区分に応じて定められた区分所有補正率を採用します。

　なお、実務上、区分所有補正率は、国税庁ホームページで公表している「居住用の区分所有財産の評価に係る区分所有補正率の計算明細書」に入力して簡単に計算することができます（21ページ参照）。

---

### ①　評価乖離率

$$評価乖離率 ＝ A ＋ B ＋ C ＋ D ＋ 3.220$$

**A‥‥‥一棟の区分所有建物の築年数 × △0.033**

　　築年数は、マンション建築時から課税時期までの期間をいいます（1年未満の端数は1年とします。なお、建物の築年数が古いほどマイナス値が大きくなります。）。

**B‥‥‥一棟の区分所有建物の総階数指数※ × 0.239**（小数点以下第4位切捨て）

　※　総階数指数は次により求めます。

$$\left(\begin{array}{c}小数点以下\\第4位切捨て\end{array}\right)　総階数指数 ＝ マンションの総階数 ÷ 33$$

　　マンション総階数指数は、計算された数値が1を超える場合は1としますので、33階以上のマンションは全て1となります。

**C‥‥‥一室の区分所有権等に係る専有部分の所在階 × 0.018**

　　所在階とは、評価対象となるマンションの所在階数をいいますが、その専有部分がその一棟の区分所有建物の複数階にまたがる場合（いわゆるメゾネットタイプの場合）には、低い方の階数を採用します。

　　なお、専有部分の所在階が地階である場合には、0階とし、C

17

の値は0とします。

**D‥‥‥一室の区分所有権等に係る敷地持分狭小度**<sup>※1</sup> ×  △**1.195**（小数点以下第4位切上げ）

※1 敷地持分狭小度は、次の算式により求めます。

$$\underset{\substack{\text{小数点以下}\\\text{第4位切上げ}}}{敷地持分狭小度} = 敷地利用権の面積^{※2} \div \underset{\text{（床面積）}}{専有部分の面積}$$

※2 敷地利用権の面積は、次の区分に応じた面積になります（小数点以下第3位切上げ）。

① 一棟の区分所有建物に係る敷地利用権が敷地権である場合

一棟の区分所有建物の敷地の面積 × 敷地権の割合

② 上記①以外の場合

一棟の区分所有建物の敷地の面積 ×  敷地の共有持分の割合

（注） 評価乖離率が0又は負数の場合には、区分所有権及び敷地利用権の価額は評価しない（評価額を0とします。）こととされています（敷地利用権については、下記③の(注)の場合を除きます。）。

**② 評価水準**

評価水準（評価乖離率の逆数） = 1 ÷ 評価乖離率

**③ 区分所有補正率**

評価水準の区分に応じて、区分所有補正率が決まります。

例えば、評価水準が0.6以上で1未満の場合には、区分所有補正は行いません。

| 区　　分 | 区分所有補正率 |
|---|---|
| 評価水準　＜　0.6 | 評価乖離率　×　0.6 |
| 0.6　≦　評価水準　≦　1 | 補正なし（従来の評価額で評価） |
| 1　＜　評価水準 | 評価乖離率 |

（注）　区分所有者が一棟の区分所有建物に存する全ての専有部分及び一棟の区分所有建物の敷地のいずれも単独で所有している場合には、敷地利用権に係る区分所有補正率は1を下限としますが（それ以上は下げないという意味）、区分所有補正率に下限があるわけではありません。

## ○ 居住用の区分所有財産の評価方法のフローチャート（概要）

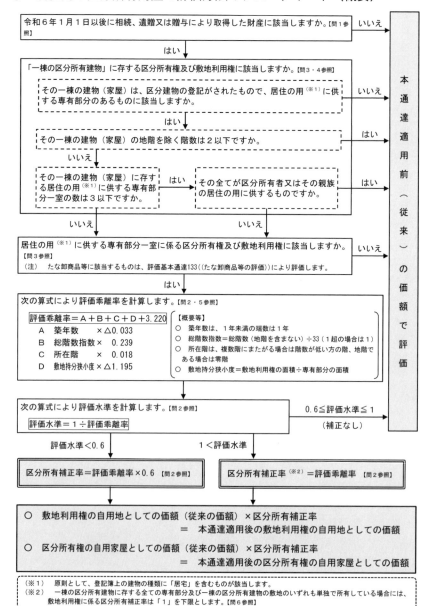

令和6年1月1日以後に相続、遺贈又は贈与により取得した財産に該当しますか。【問1参照】 → いいえ

↓ はい

「一棟の区分所有建物」に存する区分所有権及び敷地利用権に該当しますか。【問3・4参照】

その一棟の建物（家屋）は、区分建物の登記がされたもので、居住の用（※1）に供する専有部分のあるものに該当しますか。 → いいえ

↓ はい

その一棟の建物（家屋）の地階を除く階数は2以下ですか。 → はい

↓ いいえ

その一棟の建物（家屋）に存する居住の用（※1）に供する専有部分一室の数は3以下ですか。 → はい → その全てが区分所有者又はその親族の居住の用に供するものですか。 → はい

↓ いいえ　　　　　　　　↓ いいえ

居住の用（※1）に供する専有部分一室に係る区分所有権及び敷地利用権に該当しますか。【問3参照】 → いいえ
（注）　たな卸商品等に該当するものは、評価基本通達133（（たな卸商品等の評価））により評価します。

↓ はい

次の算式により評価乖離率を計算します。【問2・5参照】

評価乖離率＝A＋B＋C＋D＋3.220

A　築年数　　　　×△0.033
B　総階数指数×　0.239
C　所在階　　　×　0.018
D　敷地持分狭小度×△1.195

【概要等】
○　築年数は、1年未満の端数は1年
○　総階数指数＝総階数（地階を含まない）÷33（1超の場合は1）
○　所在階は、複数階にまたがる場合は階数が低い方の階、地階である場合は零階
○　敷地持分狭小度＝敷地利用権の面積÷専有部分の面積

↓

次の算式により評価水準を計算します。【問2参照】

評価水準＝1÷評価乖離率

0.6≦評価水準≦1　（補正なし）

評価水準＜0.6　　　　　　　1＜評価水準

区分所有補正率＝評価乖離率×0.6　【問2参照】　　　　区分所有補正率（※2）＝評価乖離率　【問2参照】

○　敷地利用権の自用地としての価額（従来の価額）×区分所有補正率
　　　　＝　本通達適用後の敷地利用権の自用地としての価額
○　区分所有権の自用家屋としての価額（従来の価額）×区分所有補正率
　　　　＝　本通達適用後の区分所有権の自用家屋としての価額

本通達適用前（従来）の価額で評価

（※1）　原則として、登記簿上の建物の種類に「居宅」を含むものが該当します。
（※2）　一棟の区分所有建物に存する全ての専有部分及び一棟の区分所有建物の敷地のいずれも単独で所有している場合には、敷地利用権に係る区分所有補正率は「1」を下限とします。【問6参照】

## （参考）居住用の区分所有財産の評価に係る区分所有補正率の計算明細書

| （住居表示）所在地番 | （　　　　　　　　　　　　　　　　　　　　） |
|---|---|
| 家屋番号 | |

（令和六年一月一日以降用）

| 区分所有補正率の計算 | | | | | |
|---|---|---|---|---|---|
| A | ① 築年数（注1）　　　年 | | | | ①×△0.033 |
| B | ② 総階数（注2）　　　階 | ③ 総階数指数（②÷33）（小数点以下第4位切捨て、1を超える場合は1） | | | ③×0.239（小数点以下第4位切捨て） |
| C | ④ 所在階（注3）　　　階 | | | | ④×0.018 |
| D | ⑤ 専有部分の面積　　　㎡ | ⑥ 敷地の面積　　　㎡ | ⑦ 敷地権の割合（共有持分の割合） | | |
| | ⑧ 敷地利用権の面積（⑥×⑦）（小数点以下第3位切上げ）　　　㎡ | ⑨ 敷地持分狭小度（⑧÷⑤）（小数点以下第4位切上げ） | | | ⑨×△1.195（小数点以下第4位切上げ） |
| | ⑩　評価乖離率（A＋B＋C＋D＋3.220） | | | | |
| | ⑪　評価水準（1　÷　⑩） | | | | |
| | ⑫　区分所有補正率（注4・5） | | | | |
| 備考 | | | | | |

(注1)　「① 築年数」は、建築の時から課税時期までの期間とし、1年未満の端数があるときは1年として計算します。

(注2)　「② 総階数」に、地階（地下階）は含みません。

(注3)　「④ 所在階」について、一室の区分所有権等に係る専有部分が複数階にまたがる場合は階数が低い方の階とし、一室の区分所有権等に係る専有部分が地階（地下階）である場合は0とします。

(注4)　「⑫ 区分所有補正率」は、次の区分に応じたものになります（補正なしの場合は、「⑫ 区分所有補正率」欄に「補正なし」と記載します。）。

| 区　　　　　分 | 区分所有補正率※ |
|---|---|
| 評　価　水　準　＜　0.6 | ⑩　×　0.6 |
| 0.6　≦　評　価　水　準　≦　1 | 補正なし |
| 1　＜　評　価　水　準 | ⑩ |

※　区分所有者が一棟の区分所有建物に存する全ての専有部分及び一棟の区分所有建物の敷地のいずれも単独で所有（以下「全戸所有」といいます。）している場合には、敷地利用権に係る区分所有補正率は1を下限とします。この場合、「備考」欄に「敷地利用権に係る区分所有補正率は1」と記載します。
　　　ただし、全戸所有している場合であっても、区分所有権に係る区分所有補正率には下限はありません。

(注5)　評価乖離率が0又は負数の場合は、区分所有権及び敷地利用権の価額を評価しないこととしていますので、「⑫ 区分所有補正率」欄に「評価しない」と記載します（全戸所有している場合には、評価乖離率が0又は負数の場合であっても、敷地利用権に係る区分所有補正率は1となります。）。

（資4－25－4－A4統一）

## ハ　評価乖離率に基づき査定する区分所有補正率について

　区分所有補正率の計算に当たっては、前記ロの算式により算出された評価乖離率の逆数である評価水準が0.6未満となる次表(1)の場合（高層マンションなどは、個別通達で定める算式により査定されるマンション価額の予測値が大きくなるため、相続税評価額との乖離率も大きくなります。超高層マンションやグレードの高いマンションなどは、この区分に入ることになります。）には、対象不動産の予測値に対して従来の相続税評価額が低いので相続税評価額を引き上げる必要があります。そこで、評価乖離率を乗じて予測値まで引き上げた後、戸建住宅とのバランスも考慮して0.6を乗じた値を区分所有補正率として採用します。

　また、評価水準が１を超える次表(3)の場合（築年数が相当経過しているとか敷地面積が広い場合など、個別通達によって算定されるマンション価額の予測値が低めとなるため、現行の相続税評価額がかなり高い水準にあるということになります。）には、対象不動産の予測値に対して従来の相続税評価額が高すぎるため、相続税評価額を引き下げる必要があります。そこで、評価乖離率（１より低い数値）を区分所有補正率として採用します。

　なお、評価水準が0.6以上、１以下となる次表(2)の場合（個別通達によって算定されるマンション価額の予測値と従来の相続税評価額との開差があまりない場合です。）には、対象不動産の評価水準が予測値に対して0.6〜1.0の間にあり、ほぼ均衡がとれているので補正は行いません。

| | | |
|---|---|---|
| (1) | 評価水準 ＜ 0.6 | 評価水準が0.6未満となるケースは、評価乖離率1.66（10／6）超が該当しますが、評価乖離率の数値が大きくなるにつれ評価水準は下がることになります。 |
| (2) | 0.6 ≦ 評価水準 ≦ 1 | 評価水準が0.6以上となるケースは、評価乖離率が1.66以下のケースで、また、評価水準が1以下となるケースは、評価乖離率が1以上となるケースです。したがって、評価乖離率が1以上〜1.66以下のケースが該当します。 |
| (3) | 1 ＜ 評価水準 | 評価水準が1超となるケースは、評価乖離率が1未満となる場合です。したがって、評価乖離率の数値が下がるにつれ、その逆数の評価水準は上がることになります。 |

※　なお、上記表の計算については、令和5年1月から6月にかけて3回に渡って行われた「マンションに係る財産評価基本通達に関する有識者会議」でもその客観性及び妥当性について検討が行われています。

〔上記算式となった理由〕

①　相続税又は贈与税については、相続若しくは遺贈により取得又はその年中に贈与により取得した全ての財産の価額の合計額をもって課税価格を計算することとされていますが、相続税評価額と市場価格（売買実例価額）との乖離に関して、同じ不動産である分譲マンションと一戸建てとの選択における先入観を排除する観点から、一戸建てにおける乖離（取引実態等の結果は平均1.66倍）も考慮する必要があります。したがって、一戸建ての相続税評価額が市場価格（売買実例価

額）の６割程度の評価水準となっていることを踏まえ、それを下回る評価水準の分譲マンションが一戸建てと比べて著しく有利となると不公平感が生じかねないため、分譲マンションにおいても少なくとも市場価格の６割水準となるようにしてその均衡を図る必要がありました。

②　路線価等の評定は、土地の価額には相当の値幅があることや、路線価等が１年間適用されるため、評価時点であるその年の１月１日以後の１年間の地価変動にも耐え得る必要があることなど、評価上の安全性を配慮し、地価公示価格と同水準の価格の80％程度を目途に設定されており、マンション評価が結果として時価の60％程度の水準になったとしても課税の公平を保てると考えました。

# 3 ｜ 創設されたマンション評価における留意事項

　令和5年9月28日付で創設された「居住用の区分所有財産の評価について（法令解釈通達）」（以下「個別通達」といいます。）は、令和6年1月1日以後に相続・遺贈又は贈与により取得した居住用の区分所有財産（いわゆる分譲マンション）の評価に適用されますが、個別通達で使用する用語の意義等は、次のとおりです。

## (1) 一棟の区分所有建物

　「一棟の区分所有建物」とは、区分所有者（建物の区分所有等に関する法律（以下「区分所有法」といいます。）第2条《定義》第2項に規定する区分所有者をいいます。以下同じです。）が存する家屋（地階を除いて階数が2階以下のもの及び居住の用に供する専有部分（同条第3項に規定する専有部分をいいます。以下同じです。）一室の数が3以下であってその全てを当該区分所有者又はその親族の居住の用に供するものを除きます。）で、居住の用に供する専有部分のある建物をいうことになっています。

〔個別通達の対象となる建物（区分所有建物）の定義〕

| | |
|---|---|
| ① | 区分所有者が所有する家屋（専有部分）が存する一棟の建物であること。 |
| ② | 一棟の建物は地上（地階を含めます。）2階超であること。 |
| ③ | 一棟の建物に居住の用に供する専有部分があること。 |

| ④ | 一棟の建物に存する居住用の専有部分一室の数が3室以下で、かつ、その全てを区分所有者又は区分所有者の親族の居住の用に供されていないこと。 |

　したがって、個別通達の対象となるマンションが存する「一棟の区分所有建物」は、上記①〜④を満たしていることが要件ですので、「一棟の区分所有建物」が「地階を除く階数が2階以下のもの」<sup>(注1)</sup>及び「居住の用に供する専有部分一室の数が3室以下であり、かつ、その全てを当該区分所有者又はその親族の居住の用に供するもの」<sup>(注3、4)</sup>だった場合には、そこに存するマンションの全てが個別通達の対象にならないことになります。

　なお、個別通達の対象とならないということは従前どおりの評価で行うこととなり、結果として、改正前と同様に市場価格より低い価額によって評価することになります。

| | |
|---|---|
| （注1） | 「地階」とは、「地下階」をいい、登記簿上の「地下」の記載により判断します。 |
| （注2） | 「専有部分一室の数が3室以下」とは、一棟の家屋に存する（居住の用に供する）専有部分の数が3室以下の場合（例えば、3階建てで各階が区分所有されている場合など）をいい、一つの専有部分に存する部屋そのものの数をいうのではありません。 |
| （注3） | 「区分所有者又はその親族の居住の用に供するもの」とは、区分所有者が、当該区分所有者又はその親族（以下「区分所有者等」といいます。）の居住の用に供する目的で所有しているものをいい、居住の用以外の用又は当該区分所有者等以外の者の利用を目的と |

することが明らかな場合（これまで一度も区分所有者等の居住の
用に供されていなかった場合（居住の用に供されていなかったこ
とについて合理的な理由がある場合を除きます。）など）を除き、
これに該当するものとして差し支えないとされています。
（注４）「親族」とは、民法第725条《親族の範囲》各号に掲げる者をい
います。

　なお、個別通達の対象となるマンションが存する「一棟の区分所有建
物」とは、前述したとおり区分所有者が存する家屋をいい、当該区分所
有者とは、区分所有法第１条《建物の区分所有》に規定する建物の部分
を目的とする所有権（区分所有権）を有する者をいうとされています。

　区分所有権は、一般に、不動産登記法第２条《定義》第22号に規定す
る区分建物の登記がされることによって外部にその意思が表示されて成
立するとともに、その取引がなされることから、個別通達における「一
棟の区分所有建物」とは、当該区分建物の登記がされたものをいうこと
とされています。

　したがって、区分建物の登記をすることが可能な家屋であっても、課
税時期において区分建物の登記がされていないものは、個別通達におけ
る「一棟の区分所有建物」には該当しないことになります。この場合に
は、個別通達の対象とならないことになるため、従前どおりの評価を行
うことになります。

　さらに、個別通達の対象は、居住用のマンションだけに限るとされて
いますが、その理由は次のとおりです。

　個別通達が制定された過程をみると、分譲マンションの流通性・市場

性の高さに鑑み、その価格形成要因に着目して、売買実例により得た数値を重回帰分析を行って算定していることから、その対象となる不動産はその流通性・市場性や価格形成要因の点で分譲マンションに類似するものに限定されるべきです。

　したがって、同じ区分所有財産であっても低層の集合住宅（2階以下）や二世帯住宅は市場も異なり、売買実例も乏しいことから個別通達の対象外とされています。

　また、同じ区分所有権であっても事業用のテナント物件や一棟所有の賃貸マンションなども、その流通性・市場性や価格形成要因の点で居住用のマンションとは大きく異なることから対象外とし、居住の用に供する区分所有財産のみを対象としています。

　上記より、当該「居住の用」（すなわち、個別通達における「居住の用に供する専有部分」）とは、一室の専有部分について、構造上、主として居住の用に供することができるものをいい、原則として、登記事項証明書の家屋の「①種類」欄に「居宅」を含むものがこれに該当します。

　なお、構造上、主として居住の用に供することができるものであれば、課税時期において、現に事務所として使用している場合であっても、「居住の用」に供するものに該当することになります。


## (2)　一室の区分所有権等

　居住用の区分所有財産（一室の区分所有権等）とは、一棟の区分所有建物に存する居住の用に供する専有部分一室に係る区分所有権（区分所有法第2条第1項に規定する区分所有権をいい、当該専有部分に係る同条第4項に規定する共用部分の共有持分を含みます。以下同じです。）

及び敷地利用権（同条第6項に規定する敷地利用権をいいます。以下同じです。）をいいます。

〔分譲マンション〕

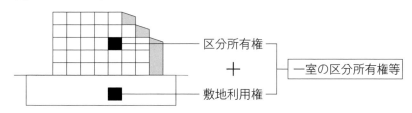

　なお、一室の区分所有権等のうち、たな卸商品等に該当するものについては、他の土地や家屋と同様に、不動産ではあるものの、その実質がまさにたな卸商品等であることに照らし、評価通達133《たな卸商品等の評価》により評価することを明らかにしています。

> （注）　たな卸商品等の評価（評基通133(1)）では、「商品の価額は、その商品の販売業者が課税時期において販売する場合の価額から、その価額のうちに含まれる販売業者に帰属すべき適正利潤の額、課税時期後販売までにその販売業者が負担すると認められる経費（以下「予定経費」という。）の額及びその販売業者がその商品につき納付すべき消費税額（地方消費税額を含む。以下同じ。）を控除した金額によって評価する」と規定しており、時価に近い水準で評価されることになるため、個別通達を適用しなくても課税の公平性に関して問題は生じません。

　また、分譲マンションについては、区分所有法において「区分所有者

は、その有する専有部分とその専有部分に係る敷地利用権とを分離して処分することができない」（区分所有法22①）と規定され、土地と家屋の価格は一体のものとして取引されているため、それぞれの売買実例価額を正確に把握することは困難であり、マンションの取引価格を土地と家屋とに合理的に分けることは困難です。

したがって、個別通達においては、一室の区分所有権等に係る敷地利用権及び区分所有権のそれぞれの評価額に同一の補正率（区分所有補正率）を乗じて評価することとしており、また、貸家建付地又は貸家の評価や土地等にのみ適用される「小規模宅地等についての相続税の課税価格の計算の特例」（以下「小規模宅地等の特例」といいます。）などを踏まえ、それぞれを個々にした上で区分所有補正率を乗じて評価額を算出することとしています。

**（参考）不動産鑑定評価における複合不動産（建物及びその敷地）の配分**

　不動産鑑定評価においては、複合不動産（建物及びその敷地）の価格を評価する場合には、土地と建物の内訳価格も算定しますが、査定に当たっては、複合不動産における土地と建物の積算価格割合に基づいてそれぞれに帰属配分する方法（割合法）が用いられることがほとんどです。

　他方、相続税評価額は、土地については、近傍の土地の売買実例価額や標準地についての公示価格、不動産鑑定士等による鑑定評価額及び精通者意見価格等を基として評価するもので、基本的には取引事例比較法が根拠となっていると考えることができるほか、家屋については、再建築価格を基準として評価される固定資産税評価額を基として評価するもので、基本的には原価法が適用されていると考えることができ、不動産の鑑定評価で用いられる積算価格と基本的な考え方は同じです。

30

　個別通達は、同通達適用前の分譲マンションの評価額（敷地利用権と区分所有権の評価額の合計額）に、売買実例価額を基とした補正率（区分所有補正率）を乗ずることで、分譲マンションの時価を指向するものである一方で、敷地利用権と区分所有権の評価額それぞれに同一の補正率（区分所有補正率）を乗じて算定しますが、これは、不動産の鑑定評価における複合不動産の割合法による内訳価格の算定と同様に、従前どおりに算定した評価額の比（すなわち、積算価格の比）で個別通達適用後の分譲マンションの価額をあん分するものであるともいえます。

　したがって、本通達では、敷地利用権の価額と区分所有権の価額をそれぞれ算出していますが、時価としての妥当性を有するものと考えられます。

## (3)　一室の区分所有権等に係る敷地利用権の面積

　「一室の区分所有権等に係る敷地利用権の面積」とは、一棟の区分所有建物に係る敷地利用権が、不動産登記法第44条《建物の表示に関する登記の登記事項》第１項第九号に規定する敷地権（以下「敷地権」といいます。）である場合は、その一室の区分所有権等が存する一棟の区分所有建物の敷地の面積に、当該一室の区分所有権等に係る敷地権割合を乗じた面積とすることとしています。

　なお、この一室の区分所有権等が存する一棟の区分所有建物の敷地の面積は、原則として、利用の単位となっている１区画の宅地の地積によることとなります。<sup>（注1）</sup>

（注１）　例えば、分譲マンションに係る登記事項証明書の敷地の面積のうちに、私道の用に供されている宅地（評基通24）があった場合、

評価上、当該私道の用に供されている宅地は別の評価単位となり
ますが、当該私道の用に供されている宅地の面積については、居
住用の区分所有財産の相続税評価額を評価乖離率に基づき評価す
ることとした理由の一つが、申告納税制度の下で納税者の負担を
考慮したものであるから、同様の趣旨により、納税者自身により
容易に把握可能な登記事項証明書の敷地面積をもって（例えば、
私道を含めて）一棟の区分所有建物の敷地としても差し支えない
とされています。

　他方で、例えば、分譲マンションの敷地とは離れた場所にある
規約敷地については、「一室の区分所有権等に係る敷地利用権の
面積」には含まれません。

　また、上記（敷地権の割合）以外の場合は、一室の区分所有権等が存
する一棟の区分所有建物の敷地の面積に、当該一室の区分所有権等に係
る敷地の共有持分の割合<sup>（注2）</sup>を乗じた面積により計算することとなります。

> （注2）　一室の区分所有権等に係る敷地利用権が賃借権又は地上権であ
> 　　　　　る場合は、当該賃借権又は地上権の準共有持分の割合を乗じます。

## ⑷　一室の区分所有権等に係る専有部分の面積

　「一室の区分所有権等に係る専有部分の面積」とは、一室の区分所有
権等に係る専有部分の不動産登記規則第115条《建物の床面積》に規定
する建物の床面積をいいます。当該建物の床面積は、「区分建物にあっ
ては、壁その他の区画の内側線」で囲まれた部分の水平投影面積（いわ
ゆる内法面積）によることとされており、登記簿上表示される床面積に

よることとなります。

　したがって、共用部分の床面積は含まれないことから、固定資産税の課税における床面積とは異なることになります。

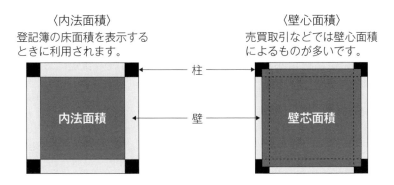

〈内法面積〉
登記簿の床面積を表示する
ときに利用されます。

〈壁心面積〉
売買取引などでは壁心面積
によるものが多いです。

## ⑸　評価乖離率

　評価乖離率を求める算式については前記２⑶のとおりですが、算式中の４つの指数の詳しい定義は、次のイからニのとおりです。

### イ　築年数

　「築年数」は、一棟の区分所有建物の建築の時から課税時期までの期間とし、当該期間に１年未満の端数があるときは、その端数は１年とします。

　例えば、築年数が15年４か月であるときは16年となります。

### ロ　総階数指数

　「総階数指数」は、一棟の区分所有建物の総階数を33で除した値[注]（小数点以下第４位を切り捨て、１を超える場合は１とします。）とし、

この場合において、総階数には地階は含まないで計算します。

| （小数点以下第4位切り捨て）<br>総階数指数　　　＝　総階数　÷　3 |
|---|

　なお、個別通達は、「一棟の区分所有建物」の階数が2階以下である場合には、適用から除外されますが、この階数の判定においても同様に地階を含めずに判定します。

| （注）　建物総階数については、高さが概ね100m（1階を3mとした場合、約33階）を超える建築物には、緊急離着陸場等の設置指導等がなされることがありますが、それを超えて高くなっても追加的な規制は一般的にはないほか、評価乖離率に与える影響が一定の階数で頭打ちになると仮定して分析を行ったところ、良好な結果が得られたことから「総階数÷33（1を超える場合は1とする。）」を総階数指数としています。 |
|---|

## ハ　所在階

　「所在階」は、一室の区分所有権等に係る専有部分の所在階のことであり、当該専有部分が一棟の区分所有建物の複数階にまたがる場合（いわゆるメゾネットタイプの場合）には、階数が低い方の階を所在階とし、当該専有部分が地階である場合は、0階とします。

　なお、一室の区分所有権等に係る専有部分が、1階と地階にまたがる場合についても、階数が低い方の階（地階）を所在階としますので、算式中の「C」は0となります。

## 二　敷地持分狭小度

　「敷地持分狭小度」は、一室の区分所有権等に係る敷地利用権の面積（前記(3)）を当該一室の区分所有権等に係る専有部分の面積（前記(4)）で除した値（小数点以下第4位切上げ）をいいます。

---

（小数点以下第4位切上げ）
　　**敷地持分狭小度　＝　敷地利用権の面積　÷　専有部分の面積**

---

※　切り上げとは、0～9の数値に関係なく指定された位の1つ上の位の数を上げることをいいます。したがって、上記算式において1.021015と算定された場合には、切上げ後の数値は1.022となります。

（参考法令等）

- ○　建物の区分所有等に関する法律（抄）
  （建物の区分所有）
  第1条　一棟の建物に構造上区分された数個の部分で独立して住居、店舗、事務所又は倉庫その他建物としての用途に供することができるものがあるときは、その各部分は、この法律の定めるところにより、それぞれ所有権の目的とすることができる。
  （定義）
  第2条　この法律において「区分所有権」とは、前条に規定する建物の部分（第4条第2項の規定により共用部分とされたものを除く。）を目的とする所有権をいう。
  2　この法律において「区分所有者」とは、区分所有権を有する者をいう。
  3　この法律において「専有部分」とは、区分所有権の目的たる建物の部分をいう。
  4　この法律において「共用部分」とは、専有部分以外の建物の部分、専有部分に属しない建物の附属物及び第4条第2項の規定により共用

部分とされた附属の建物をいう。

5　この法律において「建物の敷地」とは、建物が所在する土地及び第
　5条第1項の規定により建物の敷地とされた土地をいう。

6　この法律において「敷地利用権」とは、専有部分を所有するための
　建物の敷地に関する権利をいう。

（規約による建物の敷地）

第5条　区分所有者が建物及び建物が所在する土地と一体として管理又
　は使用をする庭、通路その他の土地は、規約により建物の敷地とする
　ことができる。

2　建物が所在する土地が建物の一部の滅失により建物が所在する土地
　以外の土地となつたときは、その土地は、前項の規定により規約で建
　物の敷地と定められたものとみなす。建物が所在する土地の一部が分
　割により建物が所在する土地以外の土地となつたときも、同様とする。

（分離処分の禁止）

第22条　敷地利用権が数人で有する所有権その他の権利である場合には、
　区分所有者は、その有する専有部分とその専有部分に係る敷地利用権
　とを分離して処分することができない。ただし、規約に別段の定めが
　あるときは、この限りでない。

2　前項本文の場合において、区分所有者が数個の専有部分を所有する
　ときは、各専有部分に係る敷地利用権の割合は、第14条第1項から第
　3項までに定める割合による。ただし、規約でこの割合と異なる割合
　が定められているときは、その割合による。

3　前2項の規定は、建物の専有部分の全部を所有する者の敷地利用権
　が単独で有する所有権その他の権利である場合に準用する。


○　不動産登記法（抄）

（定義）

第2条　この法律において、次の各号に掲げる用語の意義は、それぞれ
　当該各号に定めるところによる。

　一～二十一　省略

　二十二　区分建物　一棟の建物の構造上区分された部分で独立して住居、

店舗、事務所又は倉庫その他建物としての用途に供することができるものであって、建物の区分所有等に関する法律（昭和37年法律第69号。以下「区分所有法」という。）第2条第3項に規定する専有部分であるもの（区分所有法第4条第2項の規定により共用部分とされたものを含む。）をいう。

　二十三・二十四　省略

**（建物の表示に関する登記の登記事項）**

**第44条**　建物の表示に関する登記の登記事項は、第27条各号に掲げるもののほか、次のとおりとする。

　一　建物の所在する市、区、郡、町、村、字及び土地の地番（区分建物である建物にあっては、当該建物が属する一棟の建物の所在する市、区、郡、町、村、字及び土地の地番）

　二　家屋番号

　三　建物の種類、構造及び床面積

　四　建物の名称があるときは、その名称

　五　附属建物があるときは、その所在する市、区、郡、町、村、字及び土地の地番（区分建物である附属建物にあっては、当該附属建物が属する一棟の建物の所在する市、区、郡、町、村、字及び土地の地番）並びに種類、構造及び床面積

　六　建物が共用部分又は団地共用部分であるときは、その旨

　七　建物又は附属建物が区分建物であるときは、当該建物又は附属建物が属する一棟の建物の構造及び床面積

　八　建物又は附属建物が区分建物である場合であって、当該建物又は附属建物が属する一棟の建物の名称があるときは、その名称

　九　建物又は附属建物が区分建物である場合において、当該区分建物について区分所有法第2条第6項に規定する敷地利用権（登記されたものに限る。）であって、区分所有法第22条第1項本文（同条第3項において準用する場合を含む。）の規定により区分所有者の有する専有部分と分離して処分することができないもの（以下「敷地権」という。）があるときは、その敷地権

　2　前項第三号、第五号及び第七号の建物の種類、構造及び床面積に関

し必要な事項は、法務省令で定める。


○　不動産登記規則（抄）
（建物の種類）
第113条　建物の種類は、建物の主な用途により、居宅、店舗、寄宿舎、共同住宅、事務所、旅館、料理店、工場、倉庫、車庫、発電所及び変電所に区分して定め、これらの区分に該当しない建物については、これに準じて定めるものとする。
2　建物の主な用途が２以上の場合には、当該２以上の用途により建物の種類を定めるものとする。
（建物の床面積）
第115条　建物の床面積は、各階ごとに壁その他の区画の中心線（区分建物にあっては、壁その他の区画の内側線）で囲まれた部分の水平投影面積により、平方メートルを単位として定め、一平方メートルの百分の一未満の端数は、切り捨てるものとする。


○　民法（抄）
（親族の範囲）
第725条　次に掲げる者は、親族とする。
　一　六親等内の血族
　二　配偶者
　三　三親等内の姻族

# 4 │ 居住用の区分所有財産の評価額の計算例

　これまでは、個別通達の対象となるマンション及び算式の意義等について解説してきましたが、ここでは(1)評価水準が0.6未満となるケース、(2)評価水準が0.6以上で1以下となるケース、(3)評価水準が1超となるケースについて具体的に計算過程を示して説明します。

　なお、課税時点は令和6年7月1日です。

## (1) 評価水準 < 0.6となるケースの計算

　評価水準が0.6未満となるケースは、評価乖離率が10/6（1.66）超のケースですが、具体的に計算過程を示して説明します。

〔居住用の区分所有財産に関する事項〕

従来の区分所有権(家屋)の評価額：5,000,000円

従来の敷地利用権の評価額：10,000,000円

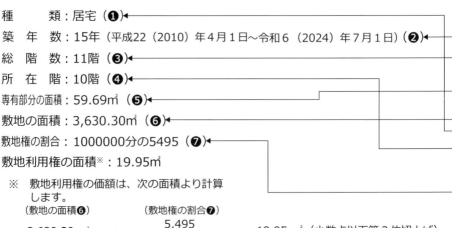

種　　　類：居宅（❶）

築　年　数：15年（平成22（2010）年4月1日～令和6（2024）年7月1日）（❷）

総　階　数：11階（❸）

所　在　階：10階（❹）

専有部分の面積：59.69㎡（❺）

敷地の面積：3,630.30㎡（❻）

敷地権の割合：1000000分の5495（❼）

敷地利用権の面積※：19.95㎡

　※　敷地利用権の価額は、次の面積より計算します。

$$\underset{\text{(敷地の面積❻)}}{3,630.30 \text{ ㎡}} \times \underset{\text{(敷地権の割合❼)}}{\frac{5,495}{1,000,000}} = 19.95 \text{ ㎡（小数点以下第3位切上げ）}$$

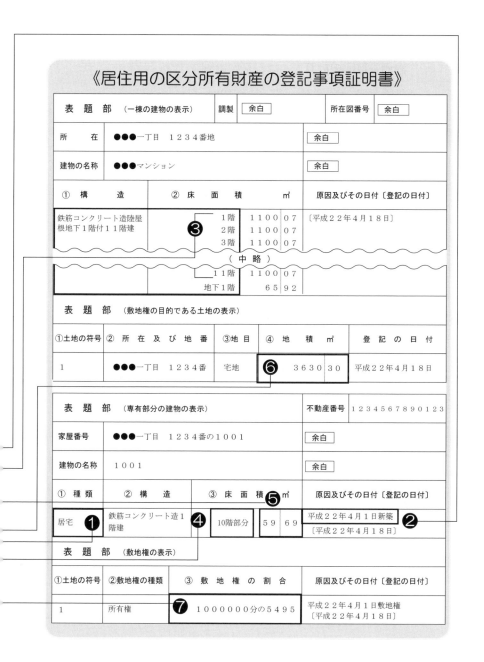

## 《居住用の区分所有財産の登記事項証明書》

| 表　題　部　（一棟の建物の表示） | 調製 | 余白 | | 所在図番号 | 余白 |
|---|---|---|---|---|---|

| 所　　在 | ●●●一丁目　１２３４番地 | | 余白 |
|---|---|---|---|

| 建物の名称 | ●●●マンション | | 余白 |
|---|---|---|---|

| ①　構　　　造 | ②　床　面　積　㎡ | 原因及びその日付〔登記の日付〕 |
|---|---|---|
| 鉄筋コンクリート造陸屋根地下１階付１１階建 | ❸　　1階　１１００　07<br>　　　2階　１１００　07<br>　　　3階　１１００　07 | 〔平成２２年４月１８日〕 |
| （　中　略　） | | |
| | 　１１階　１１００　07<br>地下１階　　　65　92 | |

| 表　題　部　（敷地権の目的である土地の表示） | | | | | |
|---|---|---|---|---|---|
| ①土地の符号 | ② 所 在 及 び 地 番 | ③地目 | ④　地　積　㎡ | 登 記 の 日 付 | |
| 1 | ●●●一丁目　１２３４番 | 宅地 | ❻　　３６３０　30 | 平成２２年４月１８日 | |

| 表　題　部　（専有部分の建物の表示） | | 不動産番号 | １２３４５６７８９０１２３ |
|---|---|---|---|

| 家屋番号 | ●●●一丁目　１２３４番の１００１ | | 余白 |
|---|---|---|---|

| 建物の名称 | １００１ | | 余白 |
|---|---|---|---|

| ①　種類 | ②　構　　造 | ③　床　面　積❺㎡ | 原因及びその日付〔登記の日付〕 |
|---|---|---|---|
| 居宅 ❶ | 鉄筋コンクリート造1階建 ❹ | 10階部分　59　69 | 平成２２年４月１日新築 ❷<br>〔平成２２年４月１８日〕 |

| 表　題　部　（敷地権の表示） | | | |
|---|---|---|---|
| ①土地の符号 | ②敷地権の種類 | ③　敷　地　権　の　割　合 | 原因及びその日付〔登記の日付〕 |
| 1 | 所有権 | ❼　１０００００分の５４９５ | 平成２２年４月１日敷地権<br>〔平成２２年４月１８日〕 |

## イ　居住用の区分所有財産の評価額の計算

### ㈦　評価乖離率の計算

評価乖離率 ＝ A ＋ B ＋ C ＋ D ＋ 3.220

〈A～Dの計算〉

① A（築年数）の計算

$$A ＝ 建物の築年数15年^{※} × \underset{(定数)}{△0.033} ＝ \underline{△0.495}$$

※　1年未満の端数は1年とします。

② B（総階数）の計算

$$総階数指数 ＝ 11階 ÷ \underset{(定数)}{33} ＝ 0.333（小数点以下第4位切捨て）$$

$$B ＝ 0.333 × \underset{(定数)}{0.239} ＝ \underline{0.079}（小数点以下第4位切捨て）$$

③ C（専有部分の所在階）の計算

$$C ＝ 10階 × \underset{(定数)}{0.018} ＝ \underline{0.18}$$

④ D（敷地持分狭小度）の計算

$$敷地持分狭小度 ＝ \underset{(敷地利用権の面積)}{19.95㎡} ÷ \underset{(専有部分の床面積)}{59.69㎡}$$

$$＝ 0.335（小数点以下第4位切上げ）$$

$$D ＝ 0.335 × \underset{(定数)}{△1.195} ＝ \underline{△0.401}（小数点以下第4位切上げ）$$

評価乖離率 ＝ A（△0.495） ＋ B（0.079） ＋ C（0.180） ＋ D（△0.401）

＋ 3.220 ＝ 2.583

### ㈢　評価水準

評価水準 ＝ 1 ÷ 2.583（評価乖離率） ＝ 0.3871467……

(ハ)　区分所有補正率

　評価水準（0.387147……）＜ 0.6より

　区分所有補正率 ＝ 2.583（評価乖離率）× 0.6 ＝ <u>1.5498</u>

### a　区分所有権（家屋）の評価額

$$\underset{\text{有権の評価額}}{\overset{\text{（従来の区分所}}{}} \qquad \text{（区分所有補正率）} \qquad \text{（区分所有権の評価額）}$$

　5,000,000円　×　<u>1.5498</u>　＝　7,749,000円　　（a）

### b　敷地利用権の評価額

$$\underset{\text{用権の評価額}}{\overset{\text{（従来の敷地利}}{}} \qquad \text{（区分所有補正率）} \qquad \text{（敷地利用権の評価額）}$$

　10,000,000円　×　<u>1.5498</u>　＝　15,498,000円　　（b）

ロ　居住用の区分所有財産の相続税評価額

　7,749,000円(a) ＋ 15,498,000円(b) ＝ <u>23,247,000円</u>

## 居住用の区分所有財産の評価に係る区分所有補正率の計算明細書

| （住居表示） | （ | ） | （令和六年一月一日以降用） |
|---|---|---|---|
| 所 在 地 番 | ○○○一丁目1234番地 | | |
| 家 屋 番 号 | ○○○一丁目1234番の1001 | | |

<table>
<tr><td rowspan="10">区 分 所 有 補 正 率 の 計 算</td><td>A</td><td colspan="2">① 築年数（注1）<br><br>15 年</td><td colspan="2"></td><td>①×△0.033<br><br>△0.495</td></tr>
<tr><td rowspan="2">B</td><td>② 総階数（注2）</td><td>③ 総階数指数（②÷33）<br><small>（小数点以下第4位切捨て、1を超える場合は1）</small></td><td colspan="2"></td><td>③×0.239<br><small>（小数点以下第4位切捨て）</small></td></tr>
<tr><td>11 階</td><td>0.333</td><td colspan="2"></td><td>0.079</td></tr>
<tr><td>C</td><td colspan="2">④ 所在階（注3）<br><br>10 階</td><td colspan="2"></td><td>④×0.018<br><br>0.180</td></tr>
<tr><td rowspan="4">D</td><td>⑤ 専有部分の面積</td><td>⑥ 敷地の面積</td><td colspan="2">⑦ 敷地権の割合（共有持分の割合）<br>5,495<br>─────────<br>1,000,000</td><td rowspan="2"></td></tr>
<tr><td>59.69 ㎡</td><td>3,630.30 ㎡</td><td colspan="2"></td></tr>
<tr><td>⑧ 敷地利用権の面積（⑥×⑦）<br><small>（小数点以下第3位切上げ）</small></td><td>⑨ 敷地持分狭小度（⑧÷⑤）<br><small>（小数点以下第4位切上げ）</small></td><td colspan="2"></td><td>⑨×△1.195<br><small>（小数点以下第4位切上げ）</small></td></tr>
<tr><td>19.95 ㎡</td><td>0.401</td><td colspan="2"></td><td>△0.401</td></tr>
<tr><td colspan="5">⑩ 評価乖離率（A＋B＋C＋D＋3.220）</td><td>2.583</td></tr>
<tr><td colspan="5">⑪ 評 価 水 準 （ 1 ÷ ⑩ ）</td><td>0.3871467286</td></tr>
<tr><td colspan="6"></td></tr>
</table>

| ⑫ 区 分 所 有 補 正 率（注4・5） | 1.5498 |
|---|---|

| 備考 | |
|---|---|

（注１）「①　築年数」は、建築の時から課税時期までの期間とし、１年未満の端数があるときは１年として計算します。

（注２）「②　総階数」に、地階（地下階）は含みません。

（注３）「④　所在階」について、一室の区分所有権等に係る専有部分が複数階にまたがる場合は階数が低い方の階とし、一室の区分所有権等に係る専有部分が地階（地下階）である場合は０とします。

（注４）「⑫　区分所有補正率」は、次の区分に応じたものになります（補正なしの場合は、「⑫　区分所有補正率」欄に「補正なし」と記載します。）。

| 区　　　　分 | 区分所有補正率※ |
| --- | --- |
| 評価水準＜0.6 | ⑩×0.6 |
| 0.6≦評価水準≦１ | 補正なし |
| １＜評価水準 | ⑩ |

※　区分所有者が一棟の区分所有建物に存する全ての専有部分及び一棟の区分所有建物の敷地のいずれも単独で所有（以下「全戸所有」といいます。）している場合には、敷地利用権に係る区分所有補正率は１を下限とします。この場合、「備考」欄に「敷地利用権に係る区分所有補正率は１」と記載します。

　　　　ただし、全戸所有している場合であっても、区分所有権に係る区分所有補正率には下限はありません。

（注５）　評価乖離率が０又は負数の場合は、区分所有権及び敷地利用権の価額を評価しないこととしていますので、「⑫　区分所有補正率」欄に「評価しない」と記載します（全戸所有している場合には、評価乖離率が０又は負数の場合であっても、敷地利用権に係る区分所有補正率は１となります。）。

## (2) 0.6 ≦ 評価水準 ≦ 1 となるケースの計算

評価水準が0.6≦ 評価水準 ≦ 1 となるケースは、評価乖離率が1.0以上で、かつ、10/6（1.66）以下となる場合ですが、具体的に計算過程を示して説明します。

前記(1)と異なる点は、築年数、総階数、所在階及び敷地利用権の面積です。

〔居住用の区分所有財産に関する事項〕

従来の区分所有権（家屋）の評価額：5,000,000円

従来の敷地利用権の評価額：10,000,000円

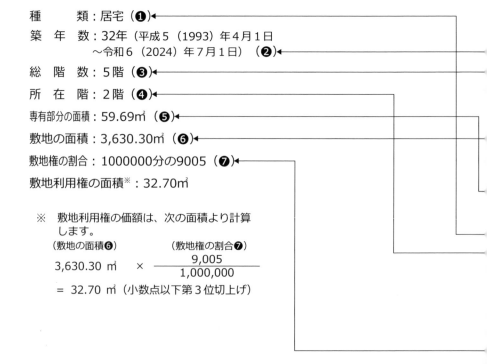

種　　　類：居宅（❶）

築　年　数：32年（平成5（1993）年4月1日
　　　　　　〜令和6（2024）年7月1日）（❷）

総　階　数：5階（❸）

所　在　階：2階（❹）

専有部分の面積：59.69㎡（❺）

敷地の面積：3,630.30㎡（❻）

敷地権の割合：1000000分の9005（❼）

敷地利用権の面積※：32.70㎡

※　敷地利用権の価額は、次の面積より計算します。

（敷地の面積❻）　　　　（敷地権の割合❼）

$$3{,}630.30 \text{ ㎡} \times \frac{9{,}005}{1{,}000{,}000}$$

$$= 32.70 \text{ ㎡}（小数点以下第3位切上げ）$$

《居住用の区分所有財産の登記事項証明書》

| 表　題　部 （一棟の建物の表示） | 調製 | 余白 | 所在図番号 | 余白 |
|---|---|---|---|---|

| 所　　在 | ●●●一丁目　１２３４番地 | 余白 |
|---|---|---|

| 建物の名称 | ●●●マンション | 余白 |
|---|---|---|

| ①　構　　造 | ②　床　面　積　　㎡ | 原因及びその日付〔登記の日付〕 |
|---|---|---|
| 鉄筋コンクリート造陸屋根地下１階付５階建 | ❸　1階　１１００　07<br>2階　１１００　07<br>3階　１１００　07<br>4階　１１００　07<br>5階　１１００　07 | 〔平成５年４月１８日〕 |

表　題　部 （敷地権の目的である土地の表示）

| ①土地の符号 | ②　所　在　及　び　地　番 | ③地目 | ④　地　積　㎡ | 登　記　の　日　付 |
|---|---|---|---|---|
| 1 | ●●●一丁目　１２３４番 | 宅地 | ❻　３６３０　30 | 平成５年４月１８日 |

| 表　題　部 （専有部分の建物の表示） | 不動産番号 | １２３４５６７８９０１２３ |
|---|---|---|

| 家屋番号 | ●●●一丁目　１２３４番の２０２ | 余白 |
|---|---|---|

| 建物の名称 | ２０２ | 余白 |
|---|---|---|

| ①　種　類 | ②　構　　造 | ③　床　面　積❺㎡ | 原因及びその日付〔登記の日付〕 |
|---|---|---|---|
| 居宅❶ | 鉄筋コンクリート造1階建❹ | 2階部分　　59　69 | 平成５年４月１日新築❷<br>〔平成５年４月１８日〕 |

表　題　部 （敷地権の表示）

| ①土地の符号 | ②敷地権の種類 | ③　敷　地　権　の　割　合 | 原因及びその日付〔登記の日付〕 |
|---|---|---|---|
| 1 | 所有権 | ❼　１０００００分の９００５ | 平成５年４月１日敷地権<br>〔平成５年４月１８日〕 |

## イ　居住用の区分所有財産の評価額の計算

### ㈦　評価乖離率の計算

評価乖離率 ＝ A ＋ B ＋ C ＋ D ＋ 3.220

---

〈A～Dの計算〉

①　A（築年数）の計算

A ＝ 建物の築年数32年 × △0.033 ＝ △1.056

②　B（総階数）の計算

総階数指数 ＝ 5 階 ÷ 33 ＝ 0.151（小数点以下第 4 位切捨て）

B ＝ 0.151 × 0.239 ＝ 0.036（小数点以下第 4 位切捨て）

③　C（専有部分の所在階）の計算

C ＝ 2 階 × 0.018 ＝ 0.036

④　D（敷地持分狭小度）の計算

敷地持分狭小度 ＝ 32.70㎡ ÷ 59.69㎡

＝ 0.548（小数点以下第 4 位切上げ）

D ＝ 0.548 × △1.195 ＝ △0.655（小数点以下第 4 位切上げ）

---

評価乖離率 ＝ A（△1.056）＋ B（0.036）＋ C（0.036）＋ D（△0.655）

＋ 3.220 ＝ 1.581

### ㈻　評価水準

評価水準 ＝ 1 ÷ 1.581（評価乖離率）＝ 0.63251……

### ㈺　区分所有補正率

0.6 ＜ 評価水準（0.63251……）≦ 1 より

区分所有補正率の補正なし

## ロ　居住用の区分所有財産の相続税評価額

$$\begin{pmatrix}従来の敷地利\\用権の評価額\end{pmatrix} \quad \begin{pmatrix}従来の区分所有権\\（家屋）の評価額\end{pmatrix}$$

10,000,000円　＋　　5,000,000円　　＝　　15,000,000円

### 居住用の区分所有財産の評価に係る区分所有補正率の計算明細書

| （住居表示） | （　　　　　　　　　　　　　　　　　　　　　　　　　） |
|---|---|
| 所 在 地 番 | ○○○一丁目1234番地 |
| 家 屋 番 号 | ○○○一丁目1234番の202 |

（令和六年一月一日以降用）

| 区分所有補正率の計算 | | | | | |
|---|---|---|---|---|---|
| A | ① 築年数（注1）　　32 年 | | | ①×△0.033　　△1.056 | |
| B | ② 総階数（注2）　　5 階 | ③ 総階数指数（②÷33）（小数点以下第4位切捨て、1を超える場合は1）　0.151 | | ③×0.239（小数点以下第4位切捨て）　0.036 | |
| C | ④ 所在階（注3）　　2 階 | | | ④×0.018　　0.036 | |
| D | ⑤ 専有部分の面積　59.69 ㎡ | ⑥ 敷地の面積　3,630.30 ㎡ | ⑦ 敷地権の割合（共有持分の割合）　9,005／1,000,000 | | |
| | ⑧ 敷地利用権の面積（⑥×⑦）（小数点以下第3位切上げ）　32.70 ㎡ | ⑨ 敷地持分狭小度（⑧÷⑤）（小数点以下第4位切上げ）　0.548 | | ⑨×△1.195（小数点以下第4位切上げ）　△0.655 | |
| | ⑩ 評価乖離率（A＋B＋C＋D＋3.220） | | | | 1.581 |
| | ⑪ 評 価 水 準 （ 1 ÷ ⑩ ） | | | | 0.6325110689 |
| | ⑫ 区 分 所 有 補 正 率（注4・5） | | | | 補 正 な し |
| 備考 | | | | | |

## ⑶　1 < 評価水準となるケースの計算

　評価水準が1超となるケースは、評価乖離率が1未満となる場合ですが、具体的に計算過程を示して説明します。

　前記⑴と異なる点は、築年数、総階数、所在階及び敷地利用権の面積です。


〔居住用の区分所有財産に関する事項〕

従来の区分所有権（家屋）の評価額：5,000,000円

従来の敷地利用権の評価額：10,000,000円

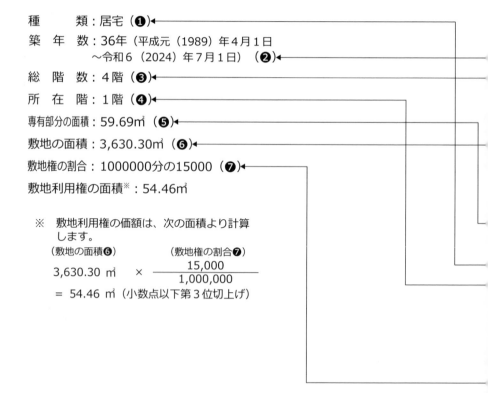

種　　　類：居宅（❶）

築　年　数：36年（平成元（1989）年4月1日
　　　　　　　～令和6（2024）年7月1日）（❷）

総　階　数：4階（❸）

所　在　階：1階（❹）

専有部分の面積：59.69㎡（❺）

敷地の面積：3,630.30㎡（❻）

敷地権の割合：1000000分の15000（❼）

敷地利用権の面積※：54.46㎡

　　※　敷地利用権の価額は、次の面積より計算
　　　　します。
　　　（敷地の面積❻）　　　　（敷地権の割合❼）
　　　3,630.30 ㎡　　×　　$\dfrac{15,000}{1,000,000}$
　　　= 54.46 ㎡（小数点以下第3位切上げ）

## 《居住用の区分所有財産の登記事項証明書》

| 表　題　部　（一棟の建物の表示） | | 調製 | 余白 | | 所在図番号 | 余白 |
|---|---|---|---|---|---|---|

| 所　　　在 | ●●●一丁目　１２３４番地 | | 余白 | |
|---|---|---|---|---|

| 建物の名称 | ●●●マンション | | 余白 | |
|---|---|---|---|---|

| ①　構　　　造 | ②　床　面　積　　㎡ | | 原因及びその日付〔登記の日付〕 |
|---|---|---|---|
| 鉄筋コンクリート造陸屋根地下１階付１１階建　❸ | １階 | １１００　０７ | 〔平成元年４月１８日〕 |
| | ２階 | １１００　０７ | |
| | ３階 | １１００　０７ | |
| | ４階 | １１００　０７ | |

表　題　部　（敷地権の目的である土地の表示）

| ①土地の符号 | ②　所　在　及　び　地　番 | ③地目 | ④　地　積　㎡ | 登　記　の　日　付 |
|---|---|---|---|---|
| 1 | ●●●一丁目　１２３４番 | 宅地 | ❻　３６３０　３０ | 平成元年４月１８日 |

| 表　題　部　（専有部分の建物の表示） | | 不動産番号 | １２３４５６７８９０１２３ |
|---|---|---|---|

| 家屋番号 | ●●●一丁目　１２３４番の１０２ | | 余白 | |
|---|---|---|---|---|

| 建物の名称 | １０２ | | 余白 | |
|---|---|---|---|---|

| ①　種　類 | ②　構　　　造 | ③　床　面　積　❺㎡ | | 原因及びその日付〔登記の日付〕 |
|---|---|---|---|---|
| 居宅　❶ | 鉄筋コンクリート造１階建　❹ | １階部分 | ５９　６９ | 平成元年４月１日新築　❷<br>〔平成元年４月１８日〕 |

表　題　部　（敷地権の表示）

| ①土地の符号 | ②敷地権の種類 | ③　敷　地　権　の　割　合 | 原因及びその日付〔登記の日付〕 |
|---|---|---|---|
| 1 | 所有権 | ❼１０００００分の１５０００ | 平成元年４月１日敷地権<br>〔平成元年４月１８日〕 |

イ　居住用の区分所有財産の評価額の計算

　㈠　評価乖離率の計算

　　評価乖離率 = A + B + C + D + 3.220

> 〈A〜Dの計算〉
>
> ①　A（築年数）の計算
> 　　A = 建物の築年数36年 × △0.033 = △1.188
>
> ②　B（総階数）の計算
> 　　総階数指数 = 4階 ÷ 33 = 0.121（小数点以下第4位切捨て）
> 　　B = 0.121 × 0.239 = 0.028（小数点以下第4位切捨て）
>
> ③　C（専有部分の所在階）の計算
> 　　C = 1階 × 0.018 = 0.018
>
> ④　D（敷地持分狭小度）の計算
> 　　敷地持分狭小度 = 54.46㎡ ÷ 59.69㎡
> 　　　　　　　　　 = 0.913（小数点以下第4位切上げ）
> 　　D = 0.913 × △1.195 = △1.092（小数点以下第4位切上げ）

　　評価乖離率 = A（△1.188） + B（0.028） + C（0.018） + D（△1.092）

　　　　　　　　+ 3.220 = 0.986

　㈡　評価水準

　　評価水準 = 1 ÷ 0.986（評価乖離率） = 1.0141987830……

　㈢　区分所有補正率

　　1 < 評価水準（1.0141987830……）より

　　区分所有補正率 = 0.986（評価乖離率）

### a　区分所有権（家屋）の評価額

$$\underset{\substack{\text{（従来の区分所}\\\text{有権の評価額）}}}{5,000,000円} \times \underset{\text{（区分所有補正率）}}{0.986} = 4,930,000円(a)$$

### b　敷地利用権の評価額

$$\underset{\substack{\text{（従来の敷地利}\\\text{用権の評価額）}}}{10,000,000円} \times \underset{\text{（区分所有補正率）}}{0.986} = 9,860,000円(b)$$

## ロ　居住用の区分所有財産の相続税評価額

4,930,000円(a) ＋ 9,860,000円(b) ＝ <u>14,790,000円</u>

## 居住用の区分所有財産の評価に係る区分所有補正率の計算明細書

（令和六年一月一日以降用）

| （住居表示） | （ | ） |
|---|---|---|
| 所在地番 | ○○○一丁目1234番地 | |
| 家屋番号 | ○○○一丁目1234番の103 | |

| 区分所有補正率の計算 | A | ① 築年数（注1）　　　36 年 | | | ①×△0.033　　　△1.188 |
|---|---|---|---|---|---|
| | B | ② 総階数（注2）　　　4 階 | ③ 総階数指数(②÷33)<br>（小数点以下第4位切捨て、1を超える場合は1）　0.121 | | ③×0.239<br>（小数点以下第4位切捨て）　0.028 |
| | C | ④ 所在階（注3）　　　1 階 | | | ④×0.018　　　0.018 |
| | D | ⑤ 専有部分の面積　59.69 ㎡ | ⑥ 敷地の面積　3,630.30 ㎡ | ⑦ 敷地権の割合（共有持分の割合）<br>$\frac{15,000}{1,000,000}$ | |
| | | ⑧ 敷地利用権の面積（⑥×⑦）<br>（小数点以下第3位切上げ）　54.46 ㎡ | ⑨ 敷地持分狭小度（⑧÷⑤）<br>（小数点以下第4位切上げ）　0.913 | | ⑨×△1.195<br>（小数点以下第4位切上げ）　△1.092 |
| | ⑩ 評価乖離率（A＋B＋C＋D＋3.220）　0.986 | | | | |
| | ⑪ 評価水準（1÷⑩）　1.0141987830 | | | | |
| | ⑫ 区分所有補正率（注4・5）　0.986 | | | | |
| 備考 | | | | | |

## （参考）前記(1)〜(3)の比較表

| | (1)のケース 1001号室 | (2)のケース 202号室 | (3)のケース 103号室 |
|---|---|---|---|
| 築年数 | 15年 | 32年 | 36年 |
| | △0.495 | △1.056 | △1.188 |
| 総階数 | 11階 | 5階 | 4階 |
| | ＋0.079 | ＋0.036 | ＋0.028 |
| 所在階 | 10階 | 2階 | 1階 |
| | ＋0.18 | ＋0.036 | ＋0.018 |
| 敷地狭小割合 | 19.95㎡ | 32.70㎡ | 54.46㎡ |
| | △0.401 | △0.655 | △1.092 |
| 評価乖離率 | 2.583 | 1.581 | 0.986 |
| 評価水準等 | 38.71％ | 63.25％ | 101.41％ |
| 区分所有補正率 | 2.583×0.6 ＝1.5498 | 1.0（補正なし） | 0.986 |

# II

# 質疑応答事例

問 1 **区分所有建物とは**

　令和6年1月1日以後に相続等により取得した居住用の区分所有財産（いわゆる分譲マンション）の相続税評価額は、令和5年9月28日付で公表された「居住用の区分所有財産の評価について」（以下、「個別通達」といいます。）により評価されることになると思いますが、この個別通達の対象となる区分所有財産（建物等）について教えてください。

**解説**

　区分所有建物とは、「一棟の建物の構造上区分された数個の部分で独立して住居・店舗・事務所・倉庫その他の用途に供することができる建物」のことです。一般的には分譲マンションが該当します。

　また、一棟の建物のうち区分した各戸（専有部分）を所有している者を区分所有者といいます。

　なお、区分所有することを目的とした一棟の建物は、専有部分と共用部分に区別されますが、専有部分とは、4階の2号室といった形で区切られた室内空間のことで、マンションであれば、居住者の専有する部分（生活空間）が該当します。

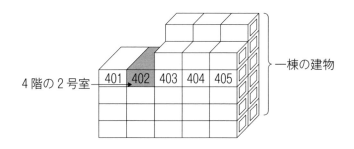

4 階の 2 号室 401 402 403 404 405 一棟の建物

　一方の共用部分とは、廊下、階段、エントランスやエレベーターなど、区分所有者が共同で使う部分が共用部分で、当該部分は全て区分所有者の共有となります。

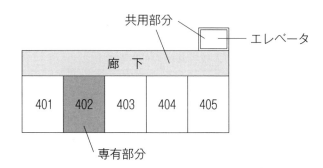

共用部分　エレベータ　廊　下
401 402 403 404 405
専有部分

　ちなみに、区分所有建物の管理及び権利関係について定めた法律を「建物の区分所有等に関する法律」（以下、「区分所有法」といいます。）といいますが、民法の特別法として昭和37年（1962年）に制定されました。その後、分譲マンションが急速に普及したことに伴い、分譲マンションの管理・運営に関するトラブルが多発し、また、マンション登記における事務が煩雑化したため、昭和58年（1983年）及び平成14年（2002年）に区分所有法が大幅に改正されました。改正の主な内容は次のとおりです。

〔昭和58年の大改正〕

| ① | 専有部分と敷地利用権は、原則として、分離して処分することはできない。 |
| ② | 区分所有者は当然に管理組合を構成する要員となる。 |
| ③ | 全員一致から多数決主義への転換 |
| ④ | 建物の建替えは、4/5以上による多数決による。 |

　昭和58年の改正後、平成7年の阪神・淡路大震災において被災マンションの建替えが問題となったことや老朽化したマンションなどの大規模修繕が円滑に行えるように平成14年に区分所有法が改正されました。改正の主な内容は次のとおりです。

〔平成14年の大改正〕

| ① | 過半数の賛成があれば大規模修繕も可能とすること。 |
| ② | 管理者の権限強化 |
| ③ | 規約の適正化 |
| ④ | 団地内建物の建替え承認決議 |
| ⑤ | 団地内建物の一括建替え決議 |

　なお、現在、区分所有法は、令和6年中の改正に向けて検討が進められていますがその内容は、①区分所有建物の管理及び再生を図るための円滑化、②被災区分所有建物の再生を図るための円滑化などです。この改正法が成立すると建替え決議が得られやすくなります。例えば、今まで建替え決議に4/5の賛成が必要だったのが、3/4に引き下げられたり、所在不明者の票は、反対票ではなく除外して扱えるようになるなどです。また、総会に出席した人だけで決議ができるようになれば、現状より要件が緩和されることになります。

# 問2　区分所有建物の権利関係

　令和6年1月1日以後に相続等により取得した居住用の区分所有財産（いわゆる分譲マンション）の相続税評価額は、新たに定められた個別通達により評価されることになりますが、この個別通達の対象となる区分所有財産の権利関係について教えてください。

## 解説 ・・・・・・・・・・・・・・・・・・・・・・・・・・・・・・・・・・・・・・・・・・

　個別通達の対象となる「居住用の区分所有財産（建物）」とは、一棟の建物の構造上区分された数個の部分（区分所有権）で、独立して住居・店舗・事務所・倉庫その他の用途に供することができる建物のことをいいます。

　この「居住用の区分所有財産（建物）」に該当するためには、まず、次の2つの要件を満たす建物であることが必要です。

---

1　建物の各部分に構造上の独立性があること

　建物の専有部分は、他の部分と壁等で完全に遮断されている必要があります。例えば、ふすま、障子、間仕切りなどによって区分されていても完全に遮断されているとはいえません。

2　建物の各部分に利用上の独立性があること

　建物の専有部分が、他の部分と完全に独立していて、用途目的を果たせる状態になければなりません。例えば、居住用の建物では、「分譲マンション」などが代表的であり、専有部分がそれぞれ一つの住居として使用可能でなければなりません。

---

居住用以外では、オフィスビルや商業ビル等についても各部分が独立して一つの用途に供する状態にあれば「区分所有建物」となります。

そして、上記１及び２の要件を満たすような建物の各部分について、それぞれ別個の所有権が成立しているとき、その建物は「区分所有建物」と呼ばれます。そして、区分所有建物については、民法の特別法である区分所有法が適用されます。

なお、区分所有建物では、建物の独立した各部分は「専有部分」と呼ばれ、また、この専有部分を所有する者のことを「区分所有者」といいます。

また、廊下・エレベーター・階段・集会所などのように区分所有者が共同で利用する建物の部分は「共用部分」と呼ばれ、区分所有者が共有することになります。ちなみに、一棟の区分所有建物には「専有部分」と「共用部分」しかありません。

さらに、区分所有建物の敷地も、区分所有者の共有となります（ただし、土地権利が「借地権」である場合には、「準共有」となります。）。このとき区分所有者が取得している敷地の共有部分を「敷地利用権」といいますが、建物の敷地には、①区分所有建物が現実に存在する土地（法定敷地）と、②建物は存しないものの規約により建物の敷地とされた敷地（規約敷地）があります。

上記より、区分所有建物において区分所有者は、専有部分の所有権、共用部分の共有持分、敷地利用権の３種類の権利を有することになります。

# 問3 区分所有権と敷地利用権を別々に譲渡することができないことについて

分譲マンションの特徴として、区分所有建物（専有部分）とその敷地利用権は、一緒に登記されていて、それぞれを分離して処分することはできないとされていますが、詳しく教えてください。

## 解説 ‥‥‥‥‥‥‥‥‥‥‥‥‥‥‥‥‥‥‥‥‥‥‥‥‥‥‥‥

　分譲マンションなどの区分所有建物は、区分所有者が土地に関する権利（敷地利用権）と建物に関する権利（区分所有権・専有部分）を切り離して売却すること等が禁止されています。なぜこのような取扱いになったかというと、土地と建物のように別々に売却することを認めると、その登記が非常に複雑で分かり難いものとなってしまうからです。

　マンション戸数は一棟で50戸程度あるのが一般的ですが、そのマンションが建っている敷地の権利（敷地利用権）は、全戸の所有者で共有することになります。これを一般の不動産のように土地と建物を別々に登記することを認めると、マンション各戸の登記は建物として個々に登記するのに、その敷地は共有なので共有持分を設定していくことになります。そして、その敷地が一筆であれば、土地の登記簿は一つしか存在しないことになります。

　このような前提で、マンション各戸が売買されたり抵当権が設定されたら、建物登記簿は、各戸が独立して存在しているのでそれぞれが記載されますが、土地は共有ですので、各戸全ての登記が一つの筆に記載されることになります。

そうなると、マンション各戸が売買されたり担保が設定されるたびに、同一の土地登記簿に所有権移転登記や抵当権設定登記がされることになり、その記載内容が膨大となって、非常に複雑で分かりにくい登記になってしまいます。

　このような問題を解決するため、「敷地利用権と専有部分の一体化」が導入されました。

　一方で、分譲マンションなどの区分所有者は、実際には、①専有部分の所有権、②共用部分の共有持分、③土地の共有持分（これらを「敷地利用権」といいます。）、この３つの権利を有していますが、①の専有部分の所有権と③の敷地利用権を分離して処分することは、区分所有法により原則的に禁止されています（区分所有法第22条）。なお、①及び②を分離することも区分所有法第15条により原則的に禁止されています。

　このような「敷地利用権と専有部分の一体化」は1983年（昭和58年）の区分所有法の大改正により導入された制度（施行は1984年（昭和59年）１月１日）ですが、分離処分が禁止された敷地利用権のことを、不動産登記法で「敷地権」と定めることにしました。

　上記により、敷地利用権（土地の共有持分又は敷地権）は、常に専有部分と一緒に売買等されることになったので、マンションの売買時においては区分所有建物の登記簿のみに所有権移転登記を記載し、土地登記簿には、これらの登記を記載しない扱いとされました（不動産登記法第46条「敷地権である旨の登記」）。

# 問4　敷地権と敷地利用権の違い

　分譲マンションには、建物（専有部分）と敷地利用権が一体となっており、分離して処分することができないと聞いていますが、敷地権と敷地利用権に違いはありますか。

## 解説 ••••••••••••••••••••••••••••••••••••••••••••••••••••

　マンションの一室を所有するためには、専有部分の「区分所有権」及び建物が建っている敷地を利用する権利（所有権や賃借権、地上権など）が必要になります。この敷地を利用する権利のうち一般的なものは「所有権」で、それ以外の権利として「賃借権」や「地上権」などがありますが、建物が存在することの根拠となるこれらの権利のことを「敷地利用権」といいます。

　そして、敷地利用権が所有権の場合は、区分所有者全員で「共有」することになり、賃借権や地上権など所有権以外の権利の場合は、「準共有」していることになります。

　この「区分所有権」と「敷地利用権」は、原則として、分離して処分できないことになっていますが、「区分所有権」と分離不能な「敷地利用権」として登記された権利状態を「敷地権」といいます。

　そして、「敷地権」という登記がなされると、マンションの専有部分を所有する者は、その区分所有権に付随している土地の共有持分（敷地権割合）を分離して処分することができないことになります。

（参考）建物の登記事項証明書（区分建物）

| 表　題　部（専有部分の建物の表示） | | | 不動産番号 | 123456789101 |
|---|---|---|---|---|
| 家屋番号 | みなとみらい5丁目●番●●－401 | | 余　白 | |
| 建物の名称 | ○○○○○ | | 余　白 | |
| ①　種　類 | ②　構　造 | ③床面積　㎡ | 原因及びその日付（登記の日付） | |
| 居宅 | 鉄筋コンクリート造4階建 | 4階部分　150：42 | 令和3年7月7日新築〔令和3年7月17日〕 | |
| 表　題　部（敷地権の種類） | | | | |
| ①土地の符号 | ②敷地権の種類 | ③敷地権の割合 | 原因及びその日付（登記の日付） | |
| 1 | 所有権 | 60100分の15042 | 令和3年7月7日敷地権〔令和3年7月17日〕 | |

※　上記「表題部（敷地権の表示）」欄の「原因及びその日付（登記の日付）」欄に登記の日付とともに「敷地権」という表示がなされます。

　なお、昭和58年より前に建てられたマンションなどでは、「敷地権」の表示がないものがありますが、その場合には共有持分割合が記載されており、管理規約で分離処分が禁止されているため、敷地権と同様の扱いになります。

　そして、分離処分禁止の効力は「敷地権」という登記がなされた時から生じ、マンションの専有部分に所有権移転や抵当権設定などの権利変動の登記がなされた場合も、敷地利用権に関する権利変動等の登記は省略できることになるので、区分所有建物の取引に伴う手続が簡略化され分かりやすくなりました。

　ちなみに、敷地権の割合ですが、これはどのようにして決まるのかというと、基本的には、専有部分の床面積の割合によって決まることが多く、稀にマンションの分譲価額割合で決定しているところもあるようです。

## 問5　一棟の区分所有建物とは

　令和6年1月1日以後に相続等により取得した居住用の区分所有財産の相続税評価額は、通達（個別通達）に従って評価することになりましたが、個別通達は①区分所有権（家屋）及び②区分所有権が存する一棟の区分所有建物それぞれに要件が定められています。このうち②の一棟の区分所有建物の要件について教えてください。

### 解説 ‥‥‥‥‥‥‥‥‥‥‥‥‥‥‥‥‥‥‥‥‥‥‥‥‥‥‥‥‥‥‥

　一棟の建物の一部を独立して所有することができる建物を区分所有建物といいますが、区分所有を目的とした一棟の建物は、専有部分と共用部分に区別されます。個別通達の対象は、区分所有権等（専有部分及び共用部分並びに敷地利用権）ですが、個別通達の適用に当たっては、区分所有権等が存する一棟の区分所有建物にも適用要件が定められています。具体的には以下のとおりです。

〔個別通達の対象となる一棟の区分所有建物の定義〕

| | |
|---|---|
| ① | 区分所有者が所有する家屋（専有部分）があること。 |
| ② | 一棟の区分所有建物は、地階を含めず2階超であること。 |
| ③ | 一棟の区分所有建物に居住の用に供する専有部分があること。 |
| ④ | 一棟の区分所有建物にある居住用の専有部分の数が3室以下であって、その全てが区分所有者又はその親族の居住の用に供されていないこと。 |

# 問6 区分所有登記でなく共有の場合

現在、甲は下記マンションの303号室を所有し、居住しています
が、他の部屋は全て親族が所有しています。建物登記については階
数ごとに各人1/3の登記がされており区分所有登記はされていま
せん。また、一室ごとの敷地利用権は敷地の1/12が割り当てられ
ています。

このような前提で、甲の303号室を評価する場合、個別通達の対
象となりますか。

| | | |
|---|---|---|
| 403 | 402 | 401 |
| 303 | 302 | 301 |
| 203 | 202 | 201 |
| 103 | 102 | 101 |

甲所有→303

## 解説 ●●●●●●●●●●●●●●●●●●●●●●●●●●●●●●●●●●●●●●●●●●●●●●●●●●●

個別通達における「一棟の区分所有建物」とは、区分所有者が存する
家屋をいい、当該区分所有者とは、区分所有法第1条《建物の区分所
有》に規定する建物の専有部分を目的とする所有権（区分所有権）を有
する者のことをいうとされています。

区分所有権は、一般に不動産登記法第2条《定義》第22号に規定する
区分建物の登記がされることにより、外部にその意思が表示されて成立
するとともに、その取引がされることから、個別通達の対象となる「一
棟の区分所有建物」とは当該区分建物の登記がされたものをいうとされ

ています。

　したがって、区分建物の登記をすることが可能な家屋であっても課税時期において、区分建物の登記が完了していないものは、個別通達の対象となる「一棟の区分所有建物」には該当しません。

　ご質問に関していえば、専有部分に係る登記もなく、また、敷地利用権に関しても共有持分の登記があるだけで、敷地権登記もありません。さらに、管理規約等で専有部分と土地の共有持分の分離処分が禁止されているわけではないので、区分所有法で定める区分所有権に該当しないことになります。したがって、個別通達の対象とはなりません。

私の父は、マンション一室（302）を所有していますが、それ以外の専有部分は父の親族が所有しています。ところで、令和6年1月1日以後の相続等については、個別通達が適用されるため、従来のような低い価額で評価することができません。

そこで、他の親族と話し合って現在の区分所有登記から、共有持分登記に変更しようと思います。

このような場合、個別通達の適用除外となりますか。

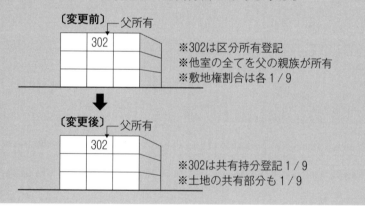

〔変更前〕 父所有

302

※302は区分所有登記
※他室の全てを父の親族が所有
※敷地権割合は各1/9

〔変更後〕 父所有

302

※302は共有持分登記1/9
※土地の共有部分も1/9

## 解説

相続開始直前に区分所有登記された建物から共有登記に変更したとしても、その建物に何ら構造上の変化がない場合には、個別通達が適用されると考えます。

個別通達が適用される一室の区分所有権等とは、区分所有登記がされ

たいわゆるマンションのことをいいますが、一棟の区分所有建物に係る専有部分の全てを親族で所有している場合には、課税時期前に登記を変更し、区分所有登記から共有持分登記に変更することも可能であり、そうした場合、同通達の適用対象から除外されるのではないかというのがご質問の趣旨だと思います。

　ところで、譲渡所得の特例であるいわゆる空き家特例（措法35③）の適用対象からは、区分所有登記されている建物は除外されています。そこで、相続開始直前に区分所有登記から共有登記などに変更登記を行った場合に空き家特例の適用が可能かということについて、「なお、何ら構造上変更がないにもかかわらず、『被相続人の居住用財産の特別控除の特例』の適用を受けるためのみの目的で相続開始前に区分所有建物から区分所有でない建物に変更登記したとしても、一棟の建物に構造上区分された部分で独立して居住等の用途に供することができるものであることは明らかであることから、この変更登記した建物について『被相続人の居住用財産の特別控除の特例』の適用がないことはいうまでもない。」（「令和4年版 譲渡所得・山林所得・株式等の譲渡所得等関係 租税特別措置法通達逐条解説（533ページ）」（大蔵財務協会））と記載されています。

　この考え方を準用すると、ご質問のようなケースについては、一棟の区分所有建物について何ら構造上の変更を加えているわけではないので、課税時期直前に区分所有登記から共有持分登記に変更登記したとしても、個別通達が適用されることになると考えます。

　私の父が所有していたマンションは斜面に建っていますが、玄関が３階にあり、各部屋は１階から４階にかけてあります。ところで父が所有していた部屋はその３階にありますが、このような場合、一棟の建物は個別通達の対象となりますか。

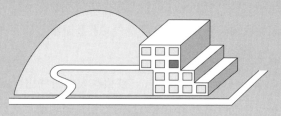

## 解説

　個別通達の対象となる「居住用の区分所有財産（一室の区分所有権等）」とは、一棟の区分所有建物（区分所有者が存する家屋で居住の用に供する専有部分があるものをいいます。）に存する居住の用に供する専有部分一室に係る区分所有権（家屋）及び敷地利用権（土地部分）をいいます。

　この場合の「一棟の区分所有建物」は、地階を除く階数が２階以下の<sup>(注)</sup>ものは、個別通達の対象とはならないとされています。

---

（注）　地階

　「地階」とは、地下階のことをいい、登記事項証明書の床面積欄に記載される地下のことをいいます。

---

　仮に、ご質問のマンションの登記事項証明書が次のようなものであった場合には、「一棟の区分所有建物」の階数が３階建になるため、個別通達の適用対象となります。

　なお、斜面の上にあるマンションなどは階数の判定が外観上難しいこともあるかと思いますが、個別通達では、登記事項証明書の「床面積」欄に記載される階数により判定するとしています。

| 専有部分の家屋番号 | 100－1－1　　～　　100－4－15 | | | |
|---|---|---|---|---|
| 表題部（一棟の建物の表示） | 調整 | 平成３年６月20日 | 所在図番号 | 余　白 |
| 所　　　在 | 横浜市旭区左近山一丁目100番地２ | 余　白 | | |
| 建物の名称 | ヒルズ左近山 | 余　白 | | |
| ①　構　　　造 | ②　床　面　積　㎡ | 原因及びその日付〔登記の日付〕 | | |
| 鉄筋コンクリート造陸屋根４階建 | 1 階　139：73<br>2 階　162：23<br>3 階　210：34<br>4 階　210：34 | 余　白 | | |

| 表題部（敷地権の目的である土地の表示） | | | | |
|---|---|---|---|---|
| ①土地の符号 | ②所在及び地番 | ③地目 | ④地積　㎡ | ⑤登記の日付 |
| 1 | 横浜市旭区左近山一丁目100番地２ | 宅地 | 1200：50 | 余　白 |

| 表　題　部　（専用部分の建物の表示） | | 不動産番号 | ○○○○○ |
|---|---|---|---|
| 家屋番号 | 左近山一丁目100番地２の301 | 余　白 | |
| 建物の名称 | ヒルズ左近山301 | | |
| ①　種　類 | ②　構　　　造 | ③　床　面　積　㎡ | 原因及びその日付〔登記の日付〕 |
| 居宅 | 鉄筋コンクリート造４階建 | 3 階部分　　65：33 | 昭和61年９月18日新築〔昭和61年11月１日〕 |

| 表題部（敷地権の表示） | | | |
|---|---|---|---|
| ①土地の符号 | ②敷地権の種類 | ③敷地権の割合 | ④原因及びその日付〔登記の日付〕 |
| 1 | 所有権 | 12万5600分の1200 | 昭和61年10月25日〔昭和61年11月１日〕 |

# 問9 一棟の建物の専有部分が3室以下でそのうちの一室が貸付けられていた場合

　亡甲は、一棟全体が4階建の3階～4階の専有部分を所有していましたが、4階は亡甲夫婦が居住、3階は甲の長男が居住していました。なお、2階は叔父の乙が所有し、1階は第三者が所有しており、居住の用及び店舗として利用していました。

　このような前提で、亡甲が所有していたマンション（3階～4階）は個別通達の対象となりますか。

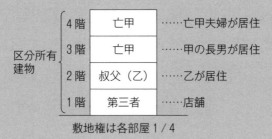

| 区分所有建物 | 4階 | 亡甲 | ……亡甲夫婦が居住 |
| --- | --- | --- | --- |
| | 3階 | 亡甲 | ……甲の長男が居住 |
| | 2階 | 叔父（乙） | ……乙が居住 |
| | 1階 | 第三者 | ……店舗 |

敷地権は各部屋1/4

## 解説 ●●●●●●●●●●●●●●●●●●●●●●●●●●●●●●●●●●●

　個別通達の対象となる「居住用の区分所有財産（一室に係る区分所有権等）」とは、一棟の区分所有建物（区分所有者が存する家屋で居住の用に供する専有部分のあるものをいいます。）に存する居住の用に供する専有部分一室に係る区分所有権（家屋部分）及び敷地利用権（土地部分）をいいます。

　そして、個別通達の対象は、専有部分だけでなく、それが存する一棟の区分所有建物についても要件が定められています。

　すなわち、一棟の建物は、3階以上で居住の用に供する専有部分がある必要があり、一方で居住の用に供する専有部分一室の数が3室以下である場合には、その全てを区分所有者又はその親族が居住の用に供する目的で所有しているときには当該一棟の建物は個別通達の対象とならないとされています。

　例えば、3階建ての区分所有建物について、各階が一室ごと区分所有されている場合に、その各階がその区分所有者又はその親族の居住の用に供する専有部分である時は、個別通達の対象にはならないことになります。

　ご質問のケースは、一棟の区分所有建物に居住用の専有部分があり、その階数は4階であるため、その要件は満たしています。

　また、一棟の区分所有建物に存する居住の用に供する専有部分の数は3室（2階、3階及び4階）以下で、その居住用部分の全てを区分所有者及び親族が居住の用として利用するために所有していることから、個別通達の対象から除外されると考えます（この場合、居住用の専用部分が親族関係者だけで使用している必要があります。）。

## 専有部分の一室を区分所有者又はその親族の居住の用に供するとは

　亡甲は、一棟全体が４階建ての３階～４階の専有部分を所有していましたが、４階は亡甲夫婦が居住、３階は賃貸（事務所）していました。また、２階は叔父の乙が所有して居住しており、１階は第三者が所有し店舗として利用していました。なお、２階は、１年前まで甲の長男が居住していましたが、転勤で引っ越しました。

　このような前提で、亡甲が所有していたマンション（３階～４階の専有部分）は、個別通達の対象となりますか。

<table>
<tr><td>区分所有<br>建物</td><td>４階</td><td>亡甲</td><td>……亡甲夫婦が居住</td></tr>
<tr><td></td><td>３階</td><td>亡甲</td><td>……賃貸（事務所）</td></tr>
<tr><td></td><td>２階</td><td>叔父（乙）</td><td>……乙が居住</td></tr>
<tr><td></td><td>１階</td><td>第三者</td><td>……店舗</td></tr>
</table>

敷地権は各部屋１／４

## 解説 ●●●●●●●●●●●●●●●●●●●●●●●●●●●●●●●●●●●●

　個別通達の対象となる「居住用の区分所有財産（一室の区分所有権等）」とは、一棟の区分所有建物（区分所有者が存する家屋で居住の用に供する専有部分のあるものをいいます。）に存する居住の用に供する専有部分一室に係る区分所有権（家屋部分）及び敷地利用権（土地部分）をいいます。

　そして、個別通達の対象は、専有部分だけでなく、それが存する一棟

の区分所有建物についても要件が定められています。

　すなわち、一棟の建物は、3階以上で居住の用に供する専有部分がある必要があり、一方で居住の用に供する専有部分一室の数が3室以下である場合には、その全てを区分所有者又はその親族が居住の用に供する目的で所有しているときには当該一棟の建物は個別通達の対象とならないとされています。

　ここでいう「区分所有者又はその親族の居住の用に供するもの」とは、区分所有者が自身又はその親族（以下、「区分所有者等」といいます。）の居住の用に供する目的で所有しているものをいい、居住の用以外の用又は当該区分所有者等以外の者の利用することが明らかな場合を除き、建物構造上、居住用であれば居住用に該当すると判断して差し支えないとされています。この場合、一棟の区分所有建物に存する居住の用に供する専有部分が3室以下で、その全てが自身又は親族の居住の用に供されていれば個別通達の対象から外れることになります。

　ご質問のケースは、3階部分は、現在、賃貸に供されており、亡甲の親族の居住の用に供されていませんので、原則どおりに解釈すると個別通達除外の要件を満たさないことになります。しかし、3階部分は現在貸付けられているとはいえ、従前は長男の居住の用として利用していたことから、明らかに居住の用以外の用に供する目的（これまで一度も区分所有者の居住の用に供されていなかったわけではない）で所有していたとまでは言い切れません。

　そこで、このようなケースでは、3階部分が居住の用以外の用途又は当該区分所有者以外の利用を目的とすることが明らかとはいえないため、「区分所有者又は親族の居住の用に供するもの」に該当するものとして

差し支えありません。したがって、個別通達の対象から除外されます。

　また、ご質問のケースとは異なりますが、現在、貸付けている3階部分を、甲及びその親族が過去において一度も居住の用に供したことがなく（居住の用に供されていなかったことについて合理的な理由がある場合を除きます。）、当初から第三者に貸付ける目的であった場合には、3部屋すべてが区分所有者等の居住の用に供していたことにならないので、除外規定に該当せず個別通達の対象になると考えます。

（注）　親族の範囲については次ページ参照。

## （注）　親族の範囲

「親族」とは、判定者（甲）からみた場合、次の範囲の者をいいます。

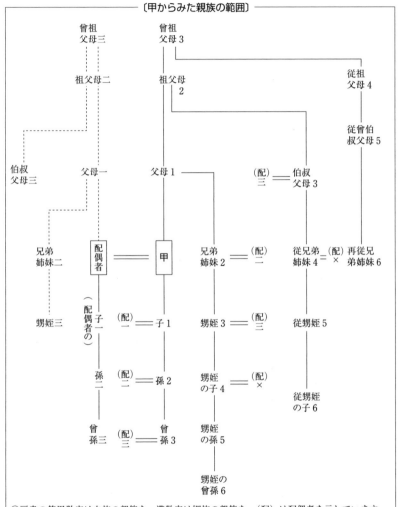

〔甲からみた親族の範囲〕

○肩書の算用数字は血族の親等を、漢数字は姻族の親等を、（配）は配偶者を示しています。

○養親族関係……養子と養親及びその血族との間においては、養子縁組の日から血族間における同一の親族関係が生じます。

次の(1)〜(3)の利用形態の一棟の区分所有建物だった場合、個別通達の対象となりますか。

(1)

| | |
|---|---|
| 3階 | 甲所有<br>(甲の居住用) |
| 2階 | 乙所有<br>(乙の居住用) |
| 1階 | 丙所有<br>(丙の居住用) |
| 甲、乙、丙の敷地利用権<br>(各1／3の敷地権割合) | |

甲、乙及び丙は、
親族関係にあります。

(2)

| | |
|---|---|
| 4階 | 甲所有<br>(甲の居住用) |
| 3階 | 乙所有<br>(乙の居住用) |
| 2階 | X所有<br>(Xの居住用) |
| 1階 | A所有<br>(事業用テナント) |
| 甲、乙、X、Aの敷地利用権<br>(各1／4の敷地権割合) | |

甲及び乙は親族関係にあり、
それ以外は親族外です。

(3)

| | |
|---|---|
| 5階 | 甲所有<br>(甲の居住用) |
| 4階 | 乙所有<br>(乙の居住用) |
| 3階 | A所有<br>(事務所) |
| 2階 | B所有<br>(事務所) |
| 1階 | C所有<br>(事務所) |
| 甲、乙、A、B、Cの敷地利用権<br>(各1／5の敷地権割合) | |

甲及び乙は親族関係にあり、
それ以外は親族外です。

**解説** ・・・・・・・・・・・・・・・・・・・・・・・・・・・・・・・・・・・・・・・・・・・

　個別通達の対象となる「一棟の区分所有建物」から、居住の用に供する専有部分一室の数が3以下であって、その全てを区分所有者又は親族の居住の用に供されているものを除くとされています。

　(1)のケースは、居住の用に供する専有部分一室の数が3室以下でその全てを区分所有者及び区分所有者の親族の居住の用に供されていますので個別通達の対象から外れます。ここでは一棟の区分所有建物にある居住用専有部分の全てが一つの親族の居住の用に供されていることが重要です。

　(2)のケースは、居住の用に供する専有部分一室の数が3室ですが、2階部分はXが所有して居住しており、その全てが区分所有者又は区分所有者の親族の居住の用に供していたわけではありませんので、個別通達の除外規定に該当しません。したがって、(2)のケースは個別通達の対象となります。

　(3)のケースは、居住の用に供する専有部分一室の数が2室ですが、その全てを区分所有者又は区分所有者の親族が居住していたことから、個別通達の対象から外れます。

　上記の事例とは異なりますが、(3)のケースで4階部分を第三者が所有し、乙に居住用として貸付けていた場合、乙が居住していますので専有部分の全てを親族の居住の用に供されていることになります。しかし、その場合には、4階部分を第三者が所有し賃貸していることから、個別通達の趣旨（区分所有者又はその親族の居住の用に当たらない）からすると、個別通達の除外規定に当たらないと考えます。

　マンション評価において、その敷地利用権の価額は、一棟の区分所有建物の敷地の面積に敷地利用権の割合を乗じて算定した自用地としての価額に区分所有補正率を乗じて計算しますが、私の所有しているマンションには、マンション棟の敷地のほか、道路を挟んで真向いにある土地を規約敷地として所有しており、マンション住人の駐車場として利用しています。

　このようなマンションと離れた規約敷地もマンション敷地に含めて計算しますか。

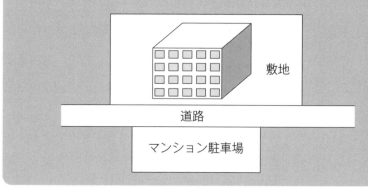

## 解説

　分譲マンションの敷地と離れた場所にある規約敷地は、「一棟の区分所有建物の敷地の面積」に含めません。したがって、規約敷地部分については、マンション敷地とは別に当該部分の相続税評価額を算出し、当該価額に共有持分割合を乗じて計算することになります。

　「規約敷地」とは、マンションが建っている敷地（法定敷地）と異なる位置にある区分所有法により、区分所有者の規約によって区分所有建物の敷地として扱われる土地で、区分所有者が建物及び建物が存する土地と一体として管理又は使用するものをいいます。

　規約敷地は、直接的に区分所有建物の敷地（法定敷地）の用に供されているわけではありませんが、庭園や道路、駐車場など、建物の敷地と隣接していなくても設定できる敷地のことをいいます（マンションから離れたところにある駐車場などの多くは規約敷地です。）。なお、当該土地が規約敷地である旨の登記がされているケースは多くないので、マンションの売買契約書などで確認する必要があります（規約敷地を登記に反映させる場合、敷地権の登記は専有部分の登記簿全てに記載する必要があるので大変な作業となります。）。

　また、規約敷地は、区分所有建物の敷地（法定敷地）と同様に区分所有者の共有とされ、建物居住者の利用のために必要な土地であるため分離して管理処分されることを防ぐために設定されるわけですが、その設定・廃止は管理組合の意思により行われます。なお、管理組合の意思決定においては、総会において区分所有者及び議決権の４分の３以上の賛成が必要とされています。

## 問13 昭和58年以前に建てられたマンション

私の父が所有するマンションは昭和40年代に建てられたもので、建物も古く、専有部分と敷地部分が別々に登記されているなど、昭和58年の改正に対応した建物ではありません。

このような古いマンションでも個別通達の対象になりますか。

**解説** ●●●●●●●●●●●●●●●●●●●●●●●●●●●●●●●●●●●●●●●●●●●●●

個別通達における「一棟の区分所有建物」とは、区分所有者が存する家屋をいい、当該区分所有者とは、区分所有法第1条《建物の区分所有》に規定する建物の部分を目的とする所有権（区分所有権）を有する者をいいます。

区分所有権は、一般に、不動産登記法第2条《定義》第22号に規定する区分建物の登記がされることによって外部にその意思が表示されて成立するとともに、その取引がなされることから、個別通達における「一棟の区分所有建物」とは、当該区分建物の登記がされたものが該当します。

一方で、昭和58年の区分所有法改正前に建てられたマンションについては、区分所有法にそもそも専有部分と敷地利用権の処分における一体性についての規定がなかったため、敷地利用権についても「敷地権」の表示がありませんでした。個別通達は、「居住用の区分所有財産」を対象としており、区分所有権とは、区分所有法第2条1項に規定する「区分所有権」をいい、敷地利用権とは、同条第6項に規定する「敷地利用

権」をいいます。したがって、敷地権化していることが条件とされているわけではないため、昭和58年の区分所有法改正前のものであっても、同法の対象となるものは、個別通達の対象になると考えます。

　この場合の敷地利用権の計算は、一棟の区分所有建物の敷地面積の共有持分の割合によって計算します。

※　昭和58年より前に建てられた団地などは、もともと敷地権化されてはいませんでしたが、昭和58年以降、不動産登記をし直して、現在は敷地権化されているものがほとんどです。

---

**◆ワンポイント：敷地権化されていないマンション**

　昭和58年の区分所有法改正によって、専有部分と敷地利用権を分離して売買することができなくなりました。昭和59年以後に竣工したマンションであれば敷地権化されているのが通常ですが、それより以前に竣工したマンションは、敷地権化されていないままで現在も存続しています。したがって、現在は敷地権化されたマンションと敷地権化されていないマンションが併存していることになります。

　敷地権化されていないマンションの場合、専有部分と敷地の登記簿が別々に存在しますので、評価に際しては注意する必要があります。

　敷地権化されていない理由としては次の２点が考えられます。

①　建物区分所有法改正前（昭和58年以前）の区分所有建物であっても、同法改正以後も敷地権化されていない場合

②　建物区分所有法改正以後（昭和59年以後）の区分所有建物であって、専有部分と敷地利用権が一体化されていないため敷地権登記がされていない場合

**一棟の区分所有建物に存する全ての専有部分を１人の者が全て所有していた場合**

> 　個別通達では、居住用の区分所有権（マンション）の価額は、家屋は区分所有権の価額に、敷地は敷地利用権の価額に区分所有補正率を乗じて計算することとされました。
>
> 　例えば、区分所有者が「一棟の区分所有建物に存する全ての専有部分」及び「一棟の区分所有建物の敷地」（全ての専有部分に係る敷地）を単独で所有していた場合にも、個別通達の対象となりますか。

**解説** ●●●●●●●●●●●●●●●●●●●●●●●●●●●●●●●●●●●●●●●●●●

　現実にこのようなケースに当たる可能性は低いと思いますが、例えば、被相続人が、「一棟の区分所有建物に存する全ての専有部分」及び「一棟の区分所有建物の敷地」（全ての専有部分に係る敷地利用権）のいずれも単独で所有している場合において、各専有部分を個別通達の対象として評価すべきか疑問が生じます。それは、一棟の区分所有建物に存する全ての専有部分及びその一棟の区分所有建物の敷地全体を所有しているということは、当該建物及びその敷地を自由に処分等することができるということであり、自用の建物及びその敷地として評価することも可能ではないかと考えられるからです。

　しかし、このような場合でも評価対象となるマンションは、区分建物の登記がされた一棟の区分所有建物に存する専有部分及び敷地利用権ですので、当該一棟の区分所有建物の各戸（各専有部分一室）について個

別通達を適用して評価を行う必要があると考えます。

　ただし、この場合における当該区分所有者が所有する敷地（敷地利用権）については、区分所有財産ではあるものの、単独で一つの宅地を所有している場合と同等の経済的価値を有すると考えられる面もあることから、その敷地（敷地利用権）の評価に当たっては、区分所有補正率は「1」を下限（なお、評価乖離率が0又はマイナスの場合であっても、1人の区分所有者が一棟の区分所有建物等の全てを単独で所有している場合には、区分所有補正率は「1」として、計算することが相当です。）として、自用地としての価額に乗じて評価します。

　ちなみに、区分所有権（家屋）の評価においては区分所有補正率に下限制限はありません。


〔一人の区分所有者が一棟の区分所有建物等の全てを単独で所有している場合〕

(1)　区分所有家屋の評価

　　各専有部分の評価額（固定資産税評価額）× 区分所有補正率の合計額


(2)　敷地利用権の評価

　　路線価を基にした相続税評価額　×　1.0（下限）〔区分所有補正率〕

**問15** 事務所として貸付けているマンションの一室

> 亡父が所有していたマンション（台所、風呂、トイレ等があります。）は、登記事項証明書の種類欄が「居宅」となっていますが、実際には、取得してから継続して自分の会社に事務所として貸付けており、家賃も受領しています。
>
> このようなケースも個別通達の適用対象となりますか。

**解説** ・・・・・・・・・・・・・・・・・・・・・・・・・・・・・・・・・・・・・・・・

個別通達の適用対象となる「一室の区分所有権等」とは、一棟の区分所有建物に存する居住の用に供する専有部分一室に係る区分所有権（建物区分所有法第2条第1項に規定する区分所有権をいい、当該専有部分に係る同条第4項に規定する共用部分の共有持分を含みます。）及びそれに付随する敷地利用権をいいます。

ここでいう居住の用（居住の用に供する専有部分）とは、一室の専有部分について、構造上、主として居住の用途に供することができるものをいい、原則として、登記事項証明書の種類欄に「居宅」となっているものが含まれます。したがって、居住の用に供することができるものであれば、課税時期において現に事務所として使用している場合であっても、「居住の用に供するもの」として個別通達の適用対象となります。

ご質問のケースは、貸事務所として利用していますので個別通達に基づき計算した相続税評価額に貸家（区分所有権部分）及び貸家建付地（敷地利用権部分）としての斟酌を行って評価します。

#### ◆ワンポイント：建物の種類について

　建物の種類とは、不動産登記法上で建物の登記事項証明書に記録される項目の一つで、実際に利用されている状況に基づき判定します。

　例えば、現に「共同住宅」として使用している建物を「居宅」として登記することはできません。

　また、実際に建物の登記をするには、建物図面、各階平面図などが必要となり、それに基づき種類欄に記載することになりますが「居宅」として登記する場合には、原則として、トイレ、キッチンなどが必要と考えます。

-------------------------------------------------------------

○　不動産登記規則

第113条《建物の種類》　建物の種類は、建物の主な用途により、居宅、店舗、寄宿舎、共同住宅、事務所、旅館、料理店、工場、倉庫、車庫、発電所及び変電所に区分して定め、これらの区分に該当しない建物については、これに準じて定めるものとする。

2　建物の主な用途が二以上の場合には、当該二以上の用途により建物の種類を定めるものとする。

○　不動産登記事務取扱手続準則

第80条《建物の種類の定め方》　規則第113条第1項に規定する建物の種類の区分に該当しない建物の種類は、その用途により、次のように区分して定めるものとし、なお、これにより難い場合には、建物の用途により適当に定めるものとする。

　　校舎、講堂、研究所、病院、診療所、集会所、公会堂、停車場、劇場、映画館、遊技場、競技場、野球場、競馬場、公衆浴場、火葬場、守衛所、茶室、温室、蚕室、物置、便所、鶏舎、酪農舎、給油所

2　建物の主たる用途が2以上の場合には、その種類を例えば「居宅・店舗」と表示するものとする。

## 建物の種類が店舗となっているものについて

　亡父が所有していたマンションは、エステサロンとして利用されていますが、登記簿上、建物の種類も「店舗」となっています。

　このようなケースは、個別通達の適用対象となりますか。

| 専有部分の家屋番号 | 60−6−1 ～ 1322−6−15 | | | |
|---|---|---|---|---|
| 表題部（一棟の建物の表示） | 調整 平成3年6月20日 | | 所在図番号 | 余　白 |
| 所　　　在 | 渋谷区渋谷一丁目60番地1 | | 余　白 | |
| 建物の名称 | ヒルズ渋谷 | | 余　白 | |
| ①　構　　　造 | ②　床　面　積　㎡ | | 原因及びその日付〔登記の日付〕 | |
| 鉄筋コンクリート造陸屋根6階建 | 1階　139：73<br>2階　162：23<br>3階　210：34<br>4階　210：34<br>5階　210：34<br>6階　135：23 | | 余　白 | |

| 表題部（敷地権の目的である土地の表示） | | | | |
|---|---|---|---|---|
| ①土地の符号 | ②所在及び地番 | ③地目 | ④地積　㎡ | ⑤登記の日付 |
| 1 | 渋谷区渋谷一丁目60番1 | 宅地 | 858：05 | 余　白 |

| 表　題　部（専用部分の建物の表示） | | 不動産番号 | ○○○○○○○○ |
|---|---|---|---|
| 家屋番号 | 渋谷一丁目60番地1の102 | 余　白 | |
| 建物の名称 | ヒルズ渋谷102 | | |

| ①　種　類 | ②　構　　　造 | ③　床　面　積　㎡ | 原因及びその日付〔登記の日付〕 |
|---|---|---|---|
| 店舗 | 鉄筋コンクリート造1階建 | 1階部分　　65：33 | 昭和58年9月18日新築〔昭和58年10月1日〕 |

| 表題部（敷地権の表示） | | | |
|---|---|---|---|
| ①土地の符号 | ②敷地権の種類 | ③敷地権の割合 | ④原因及びその日付〔登記の日付〕 |
| 1 | 所有権 | 12万5600分の1200 | 昭和58年9月25日〔昭和58年9月1日〕 |

# 解説 ••••••••••••••••••••••••••••••••••••••••••••••••••

　建物の種類が「店舗」となっているものは、居住の用に供することが一般的には適さないと考えられることから個別通達の適用対象とはなりません。したがって、従前どおりに評価することになります。

　個別通達の対象は、居住用の区分所有財産ですが、個別通達の制定に先立ち、国税庁が居住用マンションの相続税評価額と同用途のマンションの市場価値との開差を把握するために行った調査では、いわゆる分譲マンション等の売買実例を収集し、相続税評価額と売買実例価額を比較したところ、平均で2.34倍の乖離が把握され、かつ、約65％の事例で2倍以上の乖離があることが確認できました。

　そこで、相続税評価額が市場価格（売買実例価額）と乖離する要因と考えられた①築年数、②総階数指数、③所在階及び④敷地持分狭小度の4つの指数に基づき算定した評価乖離率を基に相続税評価額を計算する売買実例に基づく方法を採用することにしました。

　個別通達が居住用の分譲マンションの流通性・市場性の高さに鑑み、その価格形成要因に着目して、4つの指数を基として評価する方法を採用したことを考慮すると、その対象となる不動産はその流通性・市場性や価格形成要因の点で分譲マンションに類似するものに限定されるべきと考えられます。

　したがって、同じ区分所有財産であっても低層の集合住宅や二世帯住宅は市場も異なり、売買実例に乏しいことから、個別通達の対象外としています。また、同様に、事業用のテナント物件や一棟所有の賃貸マンションなどについても、その流通性・市場性や価格形成要因の点で居住

用の物件とは大きく異なることから個別通達の対象外とし、居住の用に
供する区分所有財産だけを対象としたものです。

　ご質問のような「店舗」は、個別通達で定める評価乖離率の算定の基
となった居住用マンションの売買実例とは異なり、当該評価乖離率を店
舗用のマンションに適用する合理性は低いと考えられるので個別通達の
対象とはならないと考えます。その結果、従前どおり区分所有補正率を
乗じないで相続税評価額を算定することになります。

# 問17　建物の種類が「共同住宅」とされている場合

　個別通達の対象となる区分所有財産とは、建物区分所有法第2条第1項に規定する区分所有権及びその敷地利用権をいいますが、構造上、「主として居住の用に供することができないもの」は適用対象から外れています。

　登記簿上の建物の種類が「共同住宅」となっているものは個別通達の対象となりますか。

## 解説

　「居住の用」とは、一室の専有部分について、構造上、主として居住の用途に供することができるものをいい、原則として、登記簿上の建物の種類に「居宅」を含むものがこれに該当します。したがって、例えば、事業用のテナント物件などは個別通達の適用対象とはなりません。

　さて、ご質問の登記簿上の建物の種類が「共同住宅」とされているものについてですが、共同住宅は一般に、その一部が数個に独立して区画され、数世帯がそれぞれ独立して生活できる構造のものであるため、登記簿上の建物の種類が「居宅」となっているものと異なり、その流通性・市場性や価格形成要因の点で一棟所有の賃貸マンションに類似するものと考えられます。したがって、原則として、登記簿上の建物の種類が「共同住宅」となっているものについては、個別通達の「居住の用に供する『専有部分一室』」に該当しないものとして個別通達の対象外としても差し支えありません。

## 問18 マンションがたな卸商品等であった場合

　この度、甲社（不動産業）の株式評価の依頼を受けましたが、甲社は、開業後３年未満の会社なので純資産価額方式により評価する必要があります。

　ところで、甲社は、転売利益を狙って購入したマンションを複数所有しています。これらのマンションも個別通達により評価する必要がありますか。

### 解説

　個別通達の対象となる一室の区分所有権等とは、一棟の区分所有建物に存する居住の用に供する専有部分に係る一室の区分所有権（区分所有法第２条第１項に規定する区分所有権をいい、当該専有部分に係る同条第４項に規定する共用部分の共有持分を含みます。）及び敷地利用権（同条第６項に規定する敷地利用権をいいます。）をいいます。このうち、一室の区分所有権等（分譲マンション）であってもたな卸商品に該当するものは、個別通達の対象とはなりません。

　また、たな卸商品等は、その実質はまさに販売用の商品であり、評価通達の中で規定する固定資産（土地、建物）などとは、所有目的が異なるため、評価通達133《たな卸商品等の評価》により評価します。

### 評価通達133 《たな卸商品等の評価》

　たな卸商品等の評価は、原則として、次に掲げる区分に従い、それぞれ次に掲げるところによる。ただし、個々の価額を算定し難いたな卸商品等の評価は、所得税法施行令第99条《たな卸資産の評価の方法》又は法人税法施行令第28条《たな卸資産の評価の方法》に定める方法のうちその企業が所得の金額の計算上選定している方法によることができる。

⑴　商品の価額は、その商品の販売業者が課税時期において販売する場合の価額から、その価額のうちに含まれる販売業者に帰属すべき適正利潤の額、課税時期後販売までにその販売業者が負担すると認められる経費（以下「予定経費」という。）の額及びその販売業者がその商品につき納付すべき消費税額（地方消費税額を含む。以下同じ。）を控除した金額によって評価する。

⑵　原材料の価額は、その原材料を使用する製造業者が課税時期においてこれを購入する場合の仕入価額に、その原材料の引取り等に要する運賃その他の経費の額を加算した金額によって評価する。

⑶　半製品及び仕掛品の価額は、製造業者がその半製品又は仕掛品の原材料を課税時期において購入する場合における仕入価額に、その原材料の引取り、加工等に要する運賃、加工費その他の経費の額を加算した金額によって評価する。

⑷　製品及び生産品の価額は、製造業者又は生産業者が課税時期においてこれを販売する場合における販売価額から、その販売価額のうちに含まれる適正利潤の額、予定経費の額及びその製造業者がその製品につき納付すべき消費税額を控除した金額によって評価する。

　マンション評価の依頼（令和6年6月1日現在）を受け、マンションの登記事項証明書を入手して確認したところ、下記のように専有部分に係る敷地権の種類が賃借権となっています。

　このようなケースにおいて、敷地権の評価はどのように行いますか。

| 表　題　部 | （専有部分の建物の表示） | | | 不動産番号 | 123456789101 |
|---|---|---|---|---|---|
| 家屋番号 | 南谷町11番2－709 | | | | |
| 建物の名称 | ○○○○○ | | | | |
| ① 種　類 | ② 構　　造 | ③床面積　㎡ | | 原因及びその日付（登記の日付） | |
| 居宅 | 鉄筋コンクリート造1階建 | 7階部分　82：10：ー | | 平成19年1月11日新築〔平成19年2月9日〕 | |
| 表　題　部 | （敷地権の表示） | | | | |
| ①土地の符号 | ②敷地権の種類 | ③敷地権の割合 | | 原因及びその日付（登記の日付） | |
| 1 | 賃借権 | 1095184分の8584 | | 平成19年1月19日敷地権〔平成19年2月9日〕 | |
| 所有者 | 東京都新宿区新宿五丁目30番5号 | | 中央建設株式会社 | | |

## 解説 ・・・・・・・・・・・・・・・・・・・・・・・・・・・・・・・・・・・・・・・

　ご質問のケースは、敷地権の種類が賃借権となっていることから、敷地利用権の種類としては、借地権（又は定期借地権）が想定されます。したがって、一棟の区分所有建物の敷地である借地権（又は定期借地権）の価額を求め、これに敷地権の割合を乗じて算定した後、当該価額に区分所有補正率を乗じて「一室の区分所有権に係る敷地利用権の価額」を算定します。

　マンション評価に際し、専有部分に係る敷地利用権の価額は、一棟の区分所有建物に係る敷地利用権が、不動産登記法第44条《建物の表示に関する登記の登記事項》第1項第9号に規定する敷地権（以下「敷地権」といいます。）である場合は、その一室の区分所有権等が存する一棟の区分所有建物の敷地の相続税評価額に、当該一室の区分所有権等に係る敷地権の割合を乗じて算定します。なお、この一室の区分所有権等が存する一棟の区分所有建物の敷地の面積は、原則として、利用の単位となっている一区画の宅地の地積によることとなります。

　また、敷地利用権が敷地権でない場合には、一棟の区分所有建物の敷地の面積に、当該一室の区分所有権等に係る敷地の共有持分の割合を乗じて計算します。

　さらに、一室の区分所有権等に係る敷地利用権が賃借権又は地上権である場合は、当該賃借権又は地上権の準共有持分の割合を乗じて計算します。

　なお、賃借権の種類としては、所有権、地上権、賃借権などがありますが、最近増えてきている定期借地権付マンションに関して「定期借地権」という表示はないので敷地権の種類が「賃借権」となっている場合、「定期借地権」に該当しないか売買契約書などで確認する必要があります。

## 問20 私道が含まれているマンションの敷地

　私が所有しているマンションの敷地は、南町150－1（980㎡）及び150－2（100㎡）ですが、150－2は私道の用に供されています。

　このマンションの敷地利用権の評価に際して、私道の用に供されている土地は敷地利用権の価額に含めますか。

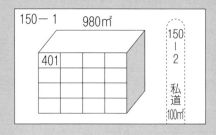

〔敷地利用権の割合〕

$$\frac{45,300}{1,000,000}（4.53\%）$$

**解説**

　個別通達で定める「一室の区分所有権等に係る敷地利用権の価額」とは、一棟の区分所有建物に係る敷地利用権が、不動産登記法第44条《建物の表示に関する登記の登記事項》第1項第9号に規定する敷地権（以下「敷地権」といいます。）である場合は、その一室の区分所有権等が存する一棟の区分所有建物の敷地の面積に、当該一室の区分所有権等に係る敷地権の割合を乗じた面積とすることとしています。

　そして、この一室の区分所有権等が存する一棟の区分所有建物の敷地の面積は、原則として、利用の単位となっている一区画の宅地の面積によることとなります。

　ただし、例えば分譲マンションに係る登記簿上の敷地の面積のうちに、

私道の用に供されている宅地（評基通24）があった場合、評価通達では当該私道の用に供されている宅地は別の評価単位となります。

　ところで、居住用の区分所有財産について、4つの指標からなる算式により求めた評価乖離率に基づき評価することとした理由の一つとして、申告納税制度の下で納税者の負担を考慮して利用しやすいものにしたためという趣旨が述べられています。

　そうした個別通達制定の趣旨からすると、一棟の区分所有建物が存する敷地利用権の面積は、納税者自身で容易に把握可能な登記簿上の敷地の面積によることとして差し支えないと考えます。

　ご質問のケースにおいて、私道部分は明確であり、容易に把握できることから、一棟の区分所有建物の敷地の面積は、南町150－1（980㎡）から成るものとして評価することが相当です。この場合、容易に把握できないケースとは、私道が入り組んでいるなど宅地と私道を個別に評価することにより、不整形になるなど実態の利用と比べ合理性に欠ける場合をいうと考えられます。

　ちなみに、マンション敷地に含めない場合の南町150－2の私道は個別通達の対象外として区別して従来と同様に私道として評価することになりますが、公衆の用に供されていると判断される場合には、0評価も可能と考えます。

　他方、分譲マンションの敷地とは離れた場所にある「規約敷地」については、もともと「一室の区分所有権等に係る敷地利用権の面積」には含めません。

## 問21 個別通達の対象となる借地権付マンションの底地の評価

　A社の土地（貸宅地）評価の依頼を受けましたが、A社の所有地には分譲用マンションの借地権が設定され、各区分所有者から毎月地代が支払われており、更新時は更新料も支払われます。

　このようなケースでも、マンションの各戸の敷地利用権（借地権）の価額を個別通達により算定し、その借地権価額の合計額を自用地価額（相続税評価額）から控除してA社の貸宅地の価額を求めることになりますか。

```
         ┌─┐
    ┌────────┐│
    │□□□□□□││
    │□□□□□□││
    │□□□□□□││
    │□□□□□□││
    │□□□□□□││
    └────────┘│
─────│        │─────
     │ 借地権  │
     ├────────┤
     │  A社   │
     └────────┘
```

## 解説 ••••••••••••••••••••••••••••••••••••••••••••••

　例えば、所有している区分所有権（専有部分）を第三者に貸付けている場合には貸家として扱われるため、当該区分所有権に係る敷地利用権の評価をするに当たっては、従来のようにして算定した敷地利用権の価額に区分所有補正率を乗じて「自用地としての価額」を算出し、同価額に評価通達26《貸家建付地の評価》で定める貸家建付地割合を乗じて計算することとなります。

| マンション敷地としての価額 | × | （1 － 借地権割合 × | （借家権割合）0.3 | × | （賃貸割合）$\frac{〇〇〇〇 m^2}{〇〇〇〇 m^2}$ ） |
|---|---|---|---|---|---|

　他方、ご質問のような借地権付分譲マンションの貸宅地（底地）の評価においては、その借地権の目的となっている土地の上に存する家屋が分譲マンションであろうが、一般住宅であろうが、土地所有者から見ればその利用の制限の程度は変わらないと考えられることから、個別通達を適用しないで評価通達25《貸宅地の評価》により評価します。

　すなわち、貸宅地の評価額を算定するに当たり、自用地価額から控除する借地権（又は定期借地権）の価額は、個別通達を適用しないで従来と同様の方法で評価します。

$$\left(\begin{array}{l}借地権付分譲マンシ\\ョンの底地の評価額\end{array}\right) = \underset{（従来方式）}{自用地としての価額} - \underset{（従来方式）}{借地権の価額}^{(注)}$$

　（注）　借地権価額は、自用地価額 × 借地権割合により計算します。

　ちなみに、一室の区分所有権等に係る敷地利用権が借地権である場合のその敷地利用権（借地権）の評価については、個別通達を適用して計算した自用地としての価額に借地権割合を乗じて計算します。

**問22** 敷地利用権の面積を共有持分の割合で計算する場合

　個別通達で定める評価乖離率の算式の敷地持分狭小度の計算は、敷地利用権の面積÷専有部分の面積（床面積）で求めることができますが、この算式中の敷地利用権の面積は、一棟の区分所有建物の敷地の面積に敷地権の割合が登記されていればそれを乗じ、登記がない場合には、敷地の共有持分割合を乗じて計算します。

　共有持分割合を乗じて敷地利用権の面積を計算する場合に注意する点はありますか。

**解説** ・・・・・・・・・・・・・・・・・・・・・・・・・・・・・・・・・・・・・・・・・・・・・・・・・・・・・

　一棟の区分所有建物に係る敷地利用権が敷地権でない場合において、区分所有者がその一棟の区分所有建物に存する複数戸（室）の専有部分を所有しているときにおける敷地の共有持分割合は、土地の登記簿上、その複数戸（室）の専有部分全てに対応する敷地の共有持分の合計の割合が表示されますが、一室の区分所有権等に係る敷地利用権の面積の計算に当たっては、専有部分一室に対応する敷地の共有持分の割合を乗ずることとなります。

　他方で、例えば、一棟の区分所有建物に存する一戸（室）の専有部分を夫婦が共有している場合におけるその敷地の共有持分割合は、土地の登記簿上、その一室の専有部分に対応する敷地の共有持分割合に夫（又は妻）の専有部分の共有持分割合を乗じた割合が表示されますが、敷地利用権の面積計算は、専有部分一室に対応する敷地の共有持分割合（夫婦の敷地の共有持分の合計の割合）を乗じて算定します。

102

**問23　敷地利用権の面積を共有持分の割合で計算する（専有部分を複数所有している）場合**

　甲は、次の一棟の区分所有建物のうち２階の専有部分一室のほか５階の専有部分一室も所有していますが、土地の登記簿上は、それらの専有部分全てに対応する敷地の共有持分として１/10と表示されています。一方で、各専有部分に対応する敷地の共有持分の割合は、それぞれ１/10です。

　２階の専有部分（マンション）をマンション評価する場合の敷地利用権の面積は、どのように計算しますか。

〔敷地権表示のないマンション〕

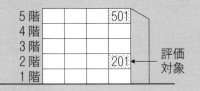

・築年数25年
・２階部分の床面積：82.55㎡
・敷地全体の面積：480.35㎡
・１㎡当たりの路線価：20万円

**解説**

　一棟の区分所有建物に係る敷地利用権が敷地権でない場合において、区分所有者がその一棟の区分所有建物に存する複数戸（室）の専有部分をそれぞれ所有しているときにおける敷地の共有持分割合は、土地の登記簿上、その複数戸（室）の専有部分全てに対応する敷地の共有持分の合計の割合が表示されますが、一室の区分所有権等に係る敷地利用権の面積の計算に当たっては、専有部分一室に対応する敷地の共有持分割合を乗ずることとなります。

ご質問のケースでは、土地の登記簿上に表示されている1/10を採用するのではなく、2階部分に係る共有持分の割合（1/20）を採用し、次のように敷地利用権の面積を求め、最終的に個別通達による敷地利用権の価額を計算します。

## (1)　居住用の区分所有財産の評価に係る区分所有補正率の計算明細書

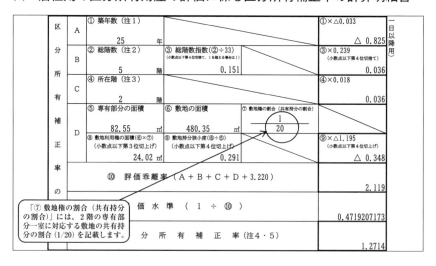

## (2)　土地及び土地の上に存する権利の評価明細書（第1表）

| | | | 円 × （　　1　－　0.　　　） | | | | （1㎡当たりの価額）　円 | L |
| | 10 私　道 | | | | | | | |
| | （AからKまでのうち該当するもの） | | 円 × 0.3 | | | | | |
| 自用地の評価額 | 評価額 | 自用地1平方メートル当たりの価額（AからLまでのうちの該当記号）<br>（　F　）　　　　円<br>200,000 | 地　積<br>㎡<br>480.35 | | 総　　　額<br>（自用地1㎡当たりの価額）×（地　積）<br>円<br>96,070,000 | | | M |

104

## (3)　土地及び土地の上に存する権利の評価明細書（第2表）

| | | | 算　　　　　式 | | | | 記号 |
|---|---|---|---|---|---|---|---|
| 用地等 | 価額 | ○　ゴルフ場用地等<br>（宅地とした場合の価額）（地積）　　（1㎡当たり<br>の造成費）　（地積） | （　　　　円　×　　　　㎡×0.6）－（　　　円×　　　㎡） | | | | Q |
| 区分所有財産に係る | 敷地利用権の評価額 | （自用地の評価額）　　　（敷地利用権（敷地権）の割合）<br>96,070,000 円　×　$\frac{1}{20}$ | | | （自用地の評価額）<br>4,803,500　円 | | R |
| | 居住用の区分所有財産の場合 | （自用地の評価額）　　　　（区分所有補正率）<br>4,803,500　円　×　1.2714 | | | （自用地の評価額）<br>6,104,169　円 | | S |
| | 利用区分 | 算　　　　　　　　　式 | | | 総　　　　額 | | 記号 |
| | 貸宅 | （自用地の評価額）　　　（借地権割合） | | | 円 | | T |

105

**敷地利用権の面積を共有持分の割合で計算する（専有部分を共有している）場合**

　甲夫婦は、次の一棟の区分所有建物のうち１階の専有部分一室を甲が３/４、妻が１/４の割合で共有していますが、土地の登記簿上は、甲の敷地の共有持分割合として、101号室に対応する敷地の共有持分の割合１/20に甲の101号室の共有持分の割合３/４を乗じた割合である３/80が表示されています。

　甲の共有持分のみを評価する場合に敷地利用権の面積はどのように計算しますか。

〔敷地権表示のないマンション〕

・築年数40年
・１階部分の床面積：82.55㎡
・敷地全体の面積：480.35㎡
・１㎡当たりの路線価：20万円

## 解説 ●●●●●●●●●●●●●●●●●●●●●●●●●●●●●●●●●●●●●●●●●●●

　一棟の区分所有建物に係る敷地利用権が敷地権でない場合において、例えば、一棟の区分所有建物に存する一戸（室）の専有部分を夫婦が共有している場合におけるその敷地の共有持分の割合は、土地の登記簿上、その一室の専有部分に対応する敷地の共有持分の割合に夫（又は妻）の専有部分の共有持分の割合を乗じた割合が表示されますが、一室の区分所有権等に係る敷地利用権の面積の計算に当たっては、その専有部分一室に対応する敷地の共有持分の割合（夫婦の敷地の共有持分の合計の割

合）を乗ずることとなります。

　ご質問のケースでは、土地の登記簿上に表示されている3/80を採用するのではなく、専有部分一室に対応する敷地の共有持分の割合1/20を採用し、次のように敷地利用権の面積を求め、最終的に個別通達による敷地利用権の価額を計算します。

## (1)　居住用の区分所有財産の評価に係る区分所有補正率の計算明細書

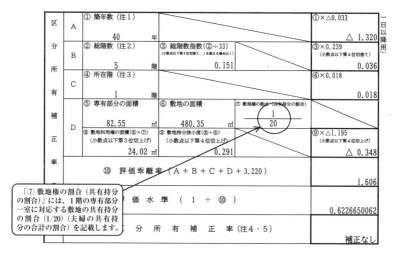

## (2)　土地及び土地の上に存する権利の評価明細書（第1表）

| | | | | | | |
|---|---|---|---|---|---|---|
| | | 円 × （ 1 － 0. ） | | | | |
| | 10 私　　道<br>（AからKまでのうち該当するもの）<br>円 × 0.3 | | | | （1㎡当たりの価額）　円 | L |
| 自用地の評価額 | 自用地1平方メートル当たりの価額<br>（AからLまでのうちの該当記号）<br>（F）　200,000　円 | 地　積<br>480.35　㎡ | | 総　　　　額<br>（自用地1㎡当たりの価額）×（地積）<br>96,070,000　円 | | M |

## (3) 土地及び土地の上に存する権利の評価明細書（第2表）

| 用地等価額 | ○ ゴルフ場用地等<br>（宅地とした場合の価額）（地積）<br>（　　　円　×　　㎡×0.6）　－（ | （1㎡当たり）<br>の造成費<br>　　　円×　　㎡ | （地額） | | Q |
|---|---|---|---|---|---|
| 区分所有財産に係る | 敷地利用権の評価額 | （自用地の評価額）　　（敷地利用権（敷地権）の割合）<br>96,070,000 円　×　　$\dfrac{1}{20}$ | | （自用地の評価額）<br>円<br>4,803,500 | R |
| | | 居住用の区分所有財産の場合<br>（自用地の評価額）　　（区分所有補正率）<br>　　　円　×　　． | | （自用地の評価額）<br>円 | S |

| | 利用区分 | 算　　　　　式 | 総　　　額 | 記号 |
|---|---|---|---|---|
| | 貸宅宅 | （自用地の評価額）　　（借地権割合） | 円 | T |

## (4) 夫の区分所有権に係る敷地利用権の価額

4,803,500円　×　3／4　＝　3,602,625円

## 問25 敷地持分狭小度の計算における専有面積とは

> 評価乖離率の計算は、A（築年数）、B（総階数指数）、C（所在階）及びD（敷地持分狭小度）の数値に基づいて計算しますが、このうち、Dの敷地持分狭小度は、敷地利用権の面積÷専有部分の面積（床面積）により計算します。この専有部分の面積については、登記事項証明書の床面積を採用することになりますか。

**解説** ●●●●●●●●●●●●●●●●●●●●●●●●●●●●●●●●●●●●●●●●●●●●●●●

　D（敷地持分狭小度）の計算において用いる専有部分の床面積は、不動産登記規則第115条《建物の床面積》に規定する建物の床面積を採用します。具体的には、「区分建物にあっては、壁その他の区画の内側線」で囲まれた部分の水平投影面積（いわゆる内法面積）によることとされており、登記事項証明書の表示における床面積を採用します。

　言い換えると、内法面積とは、居住者が実際に利用できる床面積のことをいいます。

　なお、マンション所有者に対しては、固定資産税が課されますが、固定資産税を計算する場合にも内法面積が用いられています。ただし、固定資産税の場合には、共用部分も課税の対象となり、専有部分の面積に加算されるので、固定資産課税における床面積とは異なります。

　また、専有部分の床面積については、「内法（うちのり）面積（登記簿面積）」のほか、「壁芯面積」があります。

　「壁芯面積」とは、文字通り「壁の中心（芯）」を境界線として計算

される専有面積をいいます。分譲マンションのチラシや販売時の図面などには、基本的にこの壁芯面積が表記されていますが、それはマンション業者としては、壁芯面積で表示した方が部屋を大きく見せることができるからです。また、建築基準法では床面積を「建築物の各階又はその一部で壁その他の区画の中心線で囲まれた部分の水平投影面積」と定義しています。完成した建築物は、監督官庁に確認してもらう必要がありますが、建築確認において重要なのは、構造や用途、床面積などが建築基準法などに違反していないかです。そのため建築基準法では、床面積の計算は壁芯面積が採用されます。ちなみに、構造が鉄筋コンクリート造りのマンションは、壁芯面積と内法面積の差が５％〜10％程度になるといわれています。

　なお、戸建住宅の場合には、専有部分という概念がありませんので、戸建住宅の床面積は、登記事項証明書も建築基準法と同じく壁芯面積で表記されます。

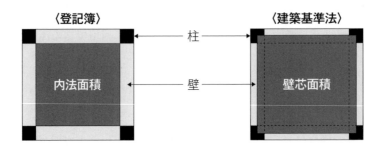

## 問26　区分所有補正率の意義

> 　区分所有権等に係る敷地利用権の価額は、家屋及び敷地利用権の「自用地による価額」に区分所有補正率を乗じて計算することになっていますが、区分所有補正率は、評価乖離率の逆数である評価水準が①0.6未満であるか、②0.6以上、1以下であるか、③1を超えているかの区分により値が変わってきます。
>
> 　この点の考え方を教えてください。

**解説**・・・・・・・・・・・・・・・・・・・・・・・・・・・・・・・・・・・・・・・・・・・・・・・・・・・・

　個別通達の計算の中で最も重要なポイントは、自用地としての価額に区分所有補正率を乗じて計算するところにありますが、区分所有補正率は、評価乖離率の逆数の値である評価水準が次の(1)～(3)のどの区分に属するかによって異なります。

　この区分所有補正率の意味するところは次のとおりです。

| | 区　分 | 区分所有補正率 |
|---|---|---|
| (1) | 評価水準　＜　0.6 | 評価乖離率　×　0.6 |
| (2) | 0.6　≦　評価水準　≦　1 | 補正なし（従来の評価） |
| (3) | 1　＜　評価水準 | 評価乖離率 |

### (1)のケース

　評価水準（乖離率の逆数、以下同じです。）が、0.6より低いということとは、現行の相続税評価額では個別通達の算式によって推定されたマン

111

ションの時価（予測値）に比べて著しく低く、課税上の公平が保てない
ということを意味します。

　そこで、現行の低い相続税評価額に評価乖離率（10/6超）を乗じて、
時価水準まで引き上げるも、一般戸建住宅との時価水準（時価の60％で
あることが検証されています。）とのバランスから、60％を乗じ当該価
額をもって相続税評価額とするというものです。


## (2)のケース

　評価水準が0.6以上1以下であるということは、現行の相続税評価額
と個別通達の算式によって推定されたマンション時価（予測値）との差
が低く（40％以下）、現行の相続税評価額に拠ったとしても、時価との
バランスを欠くことがないということになります。

　すなわち、一般戸建住宅の時価水準（時価の60％水準）とのバランス
が取れていることから、区分所有補正率の修正は行わず、現行の相続税
評価額により評価します。


## (3)のケース

　評価水準が1より高いということは、現行の相続税評価額が個別通達
の算式によって推定されたマンション時価（予測値）と比べて著しく高
く、対象マンションを現行の相続税評価額で評価した場合には、時価を
上回ってしまうことになります。

　そこで、現行の相続税評価額に評価乖離率（このケースは乖離率が1
未満となっています。）を乗じることによって、予測値の評価水準まで
下げることとします。

　なお、評価乖離率の下限に制限はありませんが、評価乖離率が０又は
マイナスとなる場合には、当該マンションは評価しなくてもよいことに
なっています。

　ただし、現実に(3)のケースに当たることは少ないと思います。

**区分所有補正率と評価乖離率の関係**

　個別通達は、現行の相続税評価額に区分所有補正率を乗じて計算
して求めますが、乗じる区分所有補正率は、評価水準の区分によっ
て異なります。適用される区分所有補正率と評価水準（評価乖離率
の逆数）の関連性について教えてください。

## 解説 ●●●●●●●●●●●●●●●●●●●●●●●●●●●●●●●●●●●●●●●●●●●●

　個別通達は、現行の相続税評価額に区分所有補正率を乗じて計算して
求めますが、評価水準の区分により区分所有補正率は異なります。

　ところで、評価水準は、評価乖離率の逆数ですので詰まるところ評価
乖離率によって区分所有補正率が決まることになります。

　下記の表は、評価乖離率（計算上、小数点第3位としています。）に
応じて、適用となる区分所有補正率をしたものです。

### (1) 評価水準 ＜ 0.6のケース

| 評価乖離率 | 1.65 | 1.66 (10/6) | 1.67 | 1.68 | 1.69 | 1.70 | 1.71 | 1.72 | 1.73 |
|---|---|---|---|---|---|---|---|---|---|
| 評価水準 | 0.606 | 0.602 | 0.598 | 0.595 | 0.591 | 0.588 | 0.585 | 0.581 | 0.570 |
| 区分所有補正率 | ←―― (2) ――→ | | ←―――――――― (1)評価乖離率×0.6 ――――――――→ | | | | | | |

　(1)のケースは、評価水準が0.6より低く（評価乖離率が10/6超（上表
で1.67超）に該当する場合）予測値との開差が大きいため、この場合に

114

は、区分所有補正率は、評価乖離率×0.6により計算します。


## (2)　0.6≦ 評価水準 ≦1のケース

| 評価乖離率 | 0.99 | 1.0 | 1.01 | 1.02 | | | 1.64 | 1.65 | 1.66 (10/6) | 1.67 | 1.68 |
|---|---|---|---|---|---|---|---|---|---|---|---|
| 評価水準 | 1.010 | 1.0 | 0.990 | 0.980 | | | 0.609 | 0.606 | 0.602 | 0.599 | 0.595 |
| 区分所有補正率 | (3)→ | ◄── | | | (2)補正なし | | | | ──► | ◄─ | (1) |

　(2)のケースは、評価水準が0.6以上で１以下の場合（評価乖離率が１以上で10/6以下のケース）ですが、この場合には、開差が少ないので特に補正は行わないで評価します。

　すなわち、評価乖離率が１以上から10/6（1.66以下）に属しているケースでは、現行の相続税評価額により評価するということです。


## (3)　1< 評価水準のケース

| 評価乖離率 | −0.01 | 0 | 0.01 | 0.02 | 0.03 | | | 0.98 | 0.99 | 1.0 | 1.01 |
|---|---|---|---|---|---|---|---|---|---|---|---|
| 評価水準 | −100 | 0 | 100 | 50 | 33.33 | | | 1.020 | 1.010 | 1.0 | 0.990 |
| 区分所有補正率 | ◄── | 評価しない | ◄── | | (3)評価乖離率 | | | | ──► | ◄─ | (2)──► |

　(3)のケースは、評価水準が１より大きい場合（評価乖離率が１未満のケース）ですので、相続税評価額が時価より高いことになり、評価乖離率を乗じて計算します。

　なお、評価乖離率が０又はマイナスとなった場合には、区分所有権及び敷地利用権の価額は評価しません。

## 問28 評価乖離率が0又はマイナスの場合

　一室の区分所有権等に係る区分所有権の相続税評価額は、「自用家屋としての価額」に、区分所有補正率を乗じて計算した価額によって評価するとされています。この場合において、評価乖離率が0又はマイナスとなる場合については、そのマンションは評価しないことになっていますが、具体的に教えてください。

### 解説

　一室の区分所有権等の相続税評価額は、家屋及び敷地利用権のそれぞれの「自用地としての価額」に「区分所有補正率」を乗じて計算することになっていますが、この区分所有補正率は、評価乖離率の逆数（評価水準）の数値によって決まります。

　そして、場合によっては、評価乖離率が0やマイナスになることが考えられますが、このようなケースは、評価乖離率を求める指数のうち、マイナス要因である①築年数が相当古いケース又は、②敷地持分狭小度（「敷地利用権の面積 ÷ 専有部分の面積」）が大きいケース（通常、マンションの敷地利用権の面積が専有面積より大きいということはあり得ません。）が考えられますが、結果として、評価乖離率が0やマイナスの場合、区分所有権及び敷地利用権の価額は評価しないこととされています。

　このようなケースについて、個別通達では評価しないと規定していますが、建築時から相当経過した古い建物であったとしても、固定資産税

評価額が付されており、また、敷地利用権の面積が専有面積より著しく大きくても敷地利用権はあるわけですので、個別通達のいうように相続税評価額を０とすることにはやや抵抗があります。

　なお、区分所有者が一棟の区分所有建物に存する全ての専有部分及び一棟の区分所有建物の敷地のいずれも単独で所有している場合には、敷地利用権に係る区分所有補正率は１を下限として評価するとされていますので、その相続税評価額の評価乖離率が０やマイナスであっても評価しないということはありません。ただし、区分所有権（専有部分）に係る区分所有補正率の下限はありません。

　ちなみに、現実に評価乖離率が０やマイナスとなるケースはほとんどないものと考えられますが、仮にこのようなケースにおいても、評価通達６項の適用が否定される訳ではないため、評価通達６項の観点から財産価値が認められることになれば同通達を適用して評価することになります。

**（参考）評価乖離率が０又はマイナスとなるようなケース**

　評価乖離率の算式でのマイナス要因であるＡ（建物の築年数）及びＤ（一室の区分所有権等に係る敷地狭小度）が大きな値となるケースですがそれを事例で確認します。

（参考１）建物の築年数が相当経過していることにより評価乖離率がマイナスとなるケース

〔概況〕

築年数：95年　敷地面積：3,630.30㎡

総階数：3階　敷地権割合：1,100/1,000,000

所在階：1階　専有部分の面積：20㎡

### 居住用の区分所有財産の評価に係る区分所有補正率の計算明細書

| （住居表示） | （東京都新宿区神楽坂5－3－○　　　　　　　　　　　　　　　　　） | （令和六年一月一日以降用） |
|---|---|---|
| 所在地番 | 新宿区神楽坂5－3－○ | |
| 家屋番号 | 神楽坂ホーム102 | |

※　①から⑦まで（③を除きます。）を入力することで計算が可能です。

| 区分所有補正率の計算 | A | ① 築年数（注1）　　　　95　年 | | | ①×△0.033　　　　　　△ 3.135 |
|---|---|---|---|---|---|
| | B | ② 総階数（注2）　　　　3　階 | ③ 総階数指数（②÷33）（小数点以下第4位切捨て、1を超える場合は1）　0.090 | | ③×0.239（小数点以下第4位切捨て）　0.021 |
| | C | ④ 所在階（注3）　　　　1　階 | | | ④×0.018　　　　　　0.018 |
| | D | ⑤ 専有部分の面積　20.00　㎡ | ⑥ 敷地の面積　3,630.30　㎡ | ⑦ 敷地権の割合（共有持分の割合）　1,100 / 1,000,000 | |
| | | ⑧ 敷地利用権の面積（⑥×⑦）（小数点以下第3位切上げ）　4.00　㎡ | ⑨ 敷地持分狭小度（⑧÷⑤）（小数点以下第4位切上げ）　0.200 | | ⑨×△1.195（小数点以下第4位切上げ）　△ 0.239 |
| | ⑩ 評価乖離率（A＋B＋C＋D＋3.220） | | | | △ 0.115 |
| | ⑪ 評価水準（ 1 ÷ ⑩ ） | | | | － |
| | ⑫ 区分所有補正率（注4・5） | | | | 評価しない |
| 備考 | | | | | |

118

## （参考２）敷地利用権の面積が専有面積より大きいことにより評価乖離率がマイナスとなるケース

〔概況〕

築年数：30年　　敷地面積：3,630.30㎡

総階数：3階　　敷地権割合：18,000/1,000,000

所在階：1階　　専有部分の面積：20㎡

### 居住用の区分所有財産の評価に係る区分所有補正率の計算明細書

| （住居表示） | （東京都渋谷区広尾1－2－○ ） |
|---|---|
| 所　在　地　番 | 渋谷区広尾1－2－○ |
| 家　屋　番　号 | 広尾ハウス105 |

（令和六年一月一日以降用）

※　①から⑦まで（③を除きます。）を入力することで計算が可能です。

| 区分所有補正率の計算 | A | ① 築年数（注1）　　30　年 | | | ①×△0.033　　△ 0.990 |
|---|---|---|---|---|---|
| | B | ② 総階数（注2）　　3　階 | ③ 総階数指数（②÷33）（小数点以下第4位切捨て、1を超える場合は1）　0.090 | | ③×0.239（小数点以下第4位切捨て）　0.021 |
| | C | ④ 所在階（注3）　　1　階 | | | ④×0.018　　0.018 |
| | D | ⑤ 専有部分の面積　20.00　㎡ | ⑥ 敷地の面積　3,630.30　㎡ | ⑦ 敷地権の割合（共有持分の割合）　18,000 / 1,000,000 | ⑨×△1.195（小数点以下第4位切上げ）　△ 3.906 |
| | | ⑧ 敷地利用権の面積（⑥×⑦）（小数点以下第3位切上げ）　65.35 ㎡ | ⑨ 敷地持分狭小度（⑧÷⑤）（小数点以下第4位切上げ）　3.268 | | |
| | ⑩　評　価　乖　離　率（A＋B＋C＋D＋3.220） | | | | △ 1.637 |
| | ⑪　評　価　水　準（　1　÷　⑩　） | | | | － |
| | ⑫　区　分　所　有　補　正　率（注4・5） | | | | 評価しない |
| 備考 | | | | | |

119

## 問29 個別通達で定める算式の数値の変動可能性について

> 個別通達の制定の根拠となったものは、平成30年の全国の中古マンションの取引事例ですが、一般戸建住宅の相続税評価額が市場価格の6割程度の水準となっていることを踏まえ、それを下回る価格水準にある分譲マンションが一戸建てと比べて著しく有利とならないよう、区分所有補正率の区分が決められたと聞いています。
>
> 将来的には、分譲マンション及び中古住宅の市場価格に対する相続税評価額の水準が上がるかもしれないし、下がるかもしれませんが、算式の値が変わる可能性はありますか。

## 解説 ●●●●●●●●●●●●●●●●●●●●●●●●●●●●●●●●●●●●●●●

　ご質問のとおり、個別通達の内容である評価乖離率の算式の数値及び評価水準に係る0.6の数値は、平成30年のマンション及び中古戸建住宅の売買事例及び同不動産を従前の方式で評価した場合の乖離率に基づき算定したものであるため、将来的には変更の余地があるものと考えます。

　すなわち個別通達は、売買実例価額に基づき統計的に予測した市場価格を考慮して既存の相続税評価額を修正するとした以上、将来のマンション及び中古住宅の市場価格に対する相続税評価額の水準に大きな変動があった場合、現行の個別通達で定めた数値に基づいて評価しても意味のないものになってしまいます。

　したがって、マンション及び中古住宅の時価に対する相続税評価額の水準に注意を払って適宜見直しを行う必要があるものと考えます。

　なお、この見直しは、３年に１度行われる固定資産税評価の見直し時期に併せて行うことが合理的であり、改めて実際の取引事例についての相続税評価額と売買実例価額との乖離状況等を踏まえ、その要否を含めて検討する必要があると考えます。

> 　個別通達は、居住用のマンションの評価について、相続税評価額と市場価格（時価）との乖離が著しいこと及び評価通達 6 項の適用の是非が争われた令和 4 年 4 月19日の最高裁判決並びに納税者の予見可能性などを考慮して制定されたものと聞いています。そうした点を考慮すると、居住用マンションの相続税評価額については、個別通達に従って評価さえすれば、相続開始直前に全額借入でマンションを購入し、売買価額との間に開差があった場合でも評価通達 6 項の適用はないということになりますか。

**解説** ●●●●●●●●●●●●●●●●●●●●●●●●●●●●●●●●●●●●●●●●●

　まず、居住用の区分所有財産の評価は、個別通達により評価するとされていることから評価通達の埒外にあり、個別通達に従って評価する場合には、当然に同通達 6 項を適用することはできないのではないかという見方もできます。

　また、評価通達 6 項は、国税庁長官の指示を受けて評価すると規定されていますが、個別通達は、最高裁判決の結果を受けて国税庁長官の指示により創設されたことから、さらに国税庁長官の指示を受けて評価すると規定する評価通達 6 項の適用は、もはやできないのではないかという意見もあります。

　しかしながら、個別通達 2 では、「……一室の区分所有権に係る敷地利用権の価額は、「自用地としての価額」に、次の算式による区分所有

補正率を乗じて計算した価額を当該「自用地としての価額」とみなして評価基本通達（評価基本通達25並びに同項により評価する場合における評価基本通達27《借地権の評価》及び27－2《定期借地権等の評価》を除く。）を適用して計算した価額によって評価する。……」と規定しており、特に、「自用地としての価額」については、個別通達1⑵で、「評価基本通達25《貸宅地の評価》⑴に定める「自用地としての価額」をいい、評価基本通達11《評価の方式》から22－3《大規模工場用地の路線価及び倍率》まで、24《私道の用に供されている宅地の評価》、24－2《土地区画整理事業施行中の宅地の評価》及び24－6《セットバックを必要とする宅地の評価》から24－8《文化財建造物である家屋の敷地の用に供されている宅地の評価》までの定めにより評価したその宅地の価額をいう。」と規定していることから、区分所有補正率を適用する前の自用地としての価額及び区分所有補正率を適用した後の自用地としての価額は、いずれも評価通達を前提とした価額ですので、その結果を踏まえて評価通達6項の適用も可能と考えます。

　したがって、ご質問にあるような相続開始直前に借入金で購入した居住用マンションの市場価格（時価）と個別通達によって評価した相続税評価額に著しい開差があり、当該借入金額が個別通達によって算定したマンションの相続税評価額を相当上回っている場合には、課税庁はそのマンションの価額を時価によって評価することもできると考えます。

　すなわち、「課税庁が、特定の者の相続財産の価額についてのみ評価通達の定める方法により評価した価額を上回る価額によるものとすることは、たとえ当該価額が客観的な交換価値としての時価を上回らないとしても、合理的な理由がない限り、上記の平等原則に違反するものとし

て違法というべきである。もっとも、上記に述べたところに照らせば、相続税の課税価格に算入される財産の価額について、評価通達の定める方法による画一的な評価を行うことが実質的な租税負担の公平に反するというべき事情がある場合には、合理的な理由があると認められるから、当該財産の価額を評価通達の定める方法により評価した価額を上回る価額によるものとすることが上記の平等原則に違反するものではないと解するのが相当である。」（平成4年4月19日最高裁判決）

　一方で、個別通達は、「納税者の予見可能性を確保」するために制定されたものですので、個別通達の規定に従って居住用マンションの評価を行った者に対して、評価通達6項を適用することは原則として認められないという考え方もできます。

　しかし、「……評価通達の定める評価方法以外の方法によって評価した価額を当該財産の時価とすることについて、それがどのような場合であるかについて通達等によって予め示されていなかったからといって租税法律主義に違反するものではない。」（令和2年6月24日東京高裁判決）と判示されており、この点からも評価通達6項の適用は可能と考えます。

　最後に、評価乖離率を求める算式の計算上、理論的には評価乖離率が0やマイナスになることが考えられますが、このような場合には、個別通達2では、一室の区分所有権等に係る敷地利用権の価額は評価しないこととされています。

　ただし、このようなケースは稀と考えられますが、実際に敷地利用権の価額を0とすることについて、「『居住用の区分所有財産の評価について』（法令解釈通達）の趣旨について（情報）」3において、評価通達

６項の適用が否定されるわけではないとの注意喚起がされています。

　ちなみに、評価通達６項の適用に関しての前記最高裁判決では、通達による評価額と市場価格（時価）との間に大きな乖離があるということだけをもって、合理的な理由（評価通達の定める方法による画一的な評価を行うことが実質的な租税負担の公平に反するというべき事情がある場合）があるということはできないと指摘しており、価格差だけの理由をもって評価通達６項の適用をすることは困難と考えます。

〔評価通達６項〕

> 　この通達の定めによって評価することが著しく不適当と認められる財産の価額は、国税庁長官の指示を受けて評価する。

　甲は令和6年6月10日に亡くなりましたが、下記のような広大な敷地に建つマンションA棟の803号室を所有していました。

　亡甲のマンション敷地の相続税評価額の計算の仕方を教えてください。

　なお、このマンションには甲夫妻と長男が同居しており、遺産分割協議により、同居する長男が相続し、小規模宅地等の特例の適用を受ける予定です。

敷地面積：4,057.96㎡
容 積 率：200%

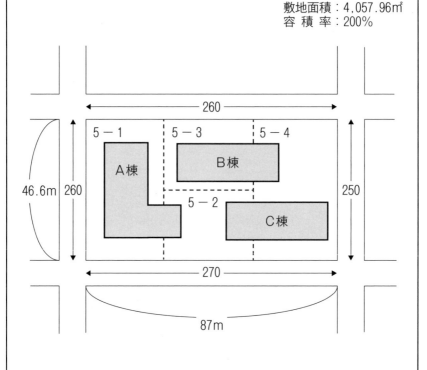

〔居住用マンションに関する事項〕

| 専有部分の家屋番号 | 5 − 1 − 101　〜　5 − 1 − 112　5 − 1 − 201　〜<br>5 − 1 − 212　5 − 1 − 301　〜　5 − 1 − 312　5 − 1 − 401<br>〜　5 − 1 − 412　5 − 1 − 501　〜　5 − 1 − 512<br>5 − 1 − 601　〜　5 − 1 − 612　5 − 1 − 701　〜<br>5 − 1 − 712　5 − 1 − 801　〜　5 − 1 − 812 |
|---|---|

| 表　題　部　（一棟の建物の表示） | 調整 | 余　白 | 所在図番号 | 余　白 |
|---|---|---|---|---|

| 所　　　在 | 横浜市中区本牧町5番地1、5番地2 | 余　白 |
|---|---|---|

| 建物の名称 | パークハウスシティ本牧A棟 | 余　白 |
|---|---|---|

| ①　構　　　造 | ②　床　面　積　㎡ | 原因及びその日付〔登記の日付〕 |
|---|---|---|
| 鉄骨鉄筋コンクリート造<br>ルーフィング葺8階建 | 1 階　4531：60<br>2 階　3897：57<br>3 階　4368：56<br>4 階　4429：11<br>5 階　4423：39<br>6 階　1130：53<br>7 階　1179：95<br>8 階　1179：95 | 〔平成8年5月10日〕 |

| 表　題　部　　　（敷地権の目的である土地の表示） | | | | |
|---|---|---|---|---|
| ①土地の符合 | ②所在及び地番 | ③地目 | ④地積　㎡ | 登　記　の　日　付 |
| 1 | 横浜市本牧町5<br>番地1 | 宅地 | 1350：10 | 平成8年5月10日 |
| 2 | 横浜市本牧町5<br>番地2 | 宅地 | 660：19 | 平成8年5月10日 |
| 3 | 横浜市本牧町5<br>番地3 | 宅地 | 612：27 | 平成8年5月10日 |
| 4 | 横浜市本牧町5<br>番地4 | 宅地 | 1435：40 | 平成8年5月10日 |

| 表　題　部　（専用部分の建物の表示） | | 不動産番号 | ○○○○○○○○○ |
|---|---|---|---|

| 家屋番号 | 本牧町5番1の803 | 余　白 |
|---|---|---|

| 建物の名称 | パークハウスシティ本牧A棟803 | 余　白 |
|---|---|---|

| ①　種　　類 | ②　構　　　造 | ③　床　面　積　㎡ | 原因及びその日付〔登記の日付〕 |
|---|---|---|---|
| 居宅 | 鉄骨鉄筋コンクリ<br>ート造1階建 | 8 階部分 93：10<br>： | 平成8年4月30日新築<br>〔平成8年5月10日〕 |

| 表　題　部　（敷地権の表示） | | | |
|---|---|---|---|
| ①土地の符合 | ②敷地権の種類 | ③敷地権の割合 | 原因及びその日付〔登記の日付〕 |
| 1，2，3，4 | 所有権 | 1000万分の<br>2 万5351 | 平成8年4月28日敷地権<br>〔平成8年5月10日〕 |

127

# 1 | 803号室に係る相続税評価額

　ご質問のマンションは、広大な敷地（本牧町5番地1、2、3、4）の上に建っている3棟のマンションのうちのA棟の803号室ですが、敷地利用権の評価に際して、その地積を実際にA棟が建っている敷地（5番地1及び2）とすべきか、敷地利用権が設定されている（5番地1～4）とすべきか検討の余地があります。

　ところで、分譲マンションは区分所有法により専有部分と敷地利用権を分離して譲渡できないとされていますが、そうした点を考慮すると専有部分（803号室）に付随する5番地1～4の土地の地積合計額4,057.96㎡をA棟の敷地とすべきと考えます。

## (1) 正面路線価の判定

　正面路線価は、奥行価格補正後の最も高くなる路線価を採用しますので、ご質問のケースでは27万円が正面路線価となります。

## (2) 画地調整率等

　27万円を正面路線として、画地調整計算を次のように行います。

| | （正面） | （奥行価格補正率） | | | |
|---|---|---|---|---|---|
| ① | 270,000円 × | 0.90 | | = | 243,000円 |

| | （側方加算） | （奥行価格補正率） | | （側方影響加算率） | |
|---|---|---|---|---|---|
| ② | 260,000円 × | 0.82 | × | 0.03 | = | 6,396円 |

| | （側方加算） | （奥行価格補正率） | | （側方影響加算率） | |
|---|---|---|---|---|---|
| ③ | 250,000円 × | 0.82 | × | 0.03 | = | 6,150円 |

（裏面加算）　　（奥行価格補正率）　　（裏面影響加算率）
④　260,000円 　×　　　　0.90　　　×　　　　0.02　　　＝　　4,680円

①　＋　②　＋　③　＋　④ ＝ 260,226円

## (3)　地籍規模の大きな宅地

　対象地は三大都市圏の普通住宅地区にあり、地積が全体で4,057.96㎡あるため、評価通達20－2《地積規模の大きな宅地の評価》の適用要件を満たしていると考えられます。したがって、同通達に基づき規模格差補正率を次のように計算します。

$$\text{規模格差補正率} = \frac{4,057.96㎡ \times 0.85 + 225㎡}{4,057.96㎡} \times 0.8$$

$$= 0.72 \left( \begin{array}{l} \text{小数点以下} \\ \text{第2位未満切捨} \end{array} \right)$$

## (4)　803号室に係る敷地の従前の相続税評価額

（路線価）　　（規模格差補正率）　　　　　　　　　　　　（敷地権割合）
260,226円 　×　　　0.72　　　× 4,057.96㎡ × $\dfrac{25,351}{10,000,000}$

＝ 1,927,455円

# 2 ｜ 区分所有補正率の計算

803号室に係る区分所有補正率を、次のように査定します。

## (1) 評価乖離率

### A 一棟の区分所有建物の築年数の計算

29年（築年数）× △0.033 ＝ △0.957

### B 一棟の区分所有建物の総階数指数※の計算

0.242（総階数指数）× 0.239 ＝ 0.057

※ 総階数指数：8 ÷ 33 ＝ 0.242

### C 一室の区分所有権等に係る専有部分の所在階の計算

8階（専有部分の所在階）× 0.018 ＝ 0.144

### D 一室の区分所有権等に係る敷地持分狭小度の計算

$$\underset{10.29㎡}{\overset{（敷地利用権の面積）}{}} \div \underset{93.10㎡}{\overset{（専有部分の面積）}{}} \times △1.195 ＝ △0.133$$

※敷地利用権の面積：4,057.96㎡ × $\dfrac{25,351}{10,000,000}$ ＝ 10.29㎡

### E 評価乖離率

A ＋ B ＋ C ＋ D ＋ 3.22 ＝ 2.331

## (2) 評価水準

1 ÷ 2.331（評価乖離率）＝ 0.4290004290……

## (3) 区分所有補正率

・評価水準（0.4290004290……）＜ 0.6

・区分所有補正率 ＝ 2.331（評価乖離率）× 0.6

＝ 1.3986

# 3 | マンション敷地の相続税評価額

（従来の相続税評価額）（区分所有補正率）（敷地利用権の相続税評価額）
$$1{,}927{,}455円 \quad \times \quad 1.3986 \quad = \quad 2{,}695{,}738円$$

# 4 | 小規模宅地の特例

## (1) 減額される金額

$$2{,}695{,}738円 \div \frac{10.29^{※}㎡}{10.29^{※}㎡} \times 0.8 = 2{,}156{,}590円$$

※敷地面積は $4{,}057.96㎡ \times \dfrac{25{,}351}{10{,}000{,}000} = 10.29㎡$

## (2) 小規模宅地の特例適用後の評価額

$$2{,}695{,}738円 - 2{,}156{,}590円 = \underline{539{,}148円}$$

〔記載例 1〕

土地及び土地の上に存する権利の評価明細書（第 1 表）　東京国税局(所)　横浜中署　令和 6 年分　○○○○ページ

（令和六年分以降用）

| （住居表示）（横浜市本牧町 5 - 1） | 所有者 | 住所（所在地） | 横浜市本牧 5 - 1 - 803 | 使用者 | 住所（所在地） | 横浜市本牧 5 - 1 - 803 |
|---|---|---|---|---|---|---|
| 所在地番　横浜市本牧 5 - 1 ～ 4 | | 氏名（法人名） | 松本 芳郎 | | 氏名（法人名） | 松本 芳郎 |

| 地　目 | 地　積 | | 路　　線　　価 | | | | 地形図及び参考事項 |
|---|---|---|---|---|---|---|---|
| (宅地)　山林　田　畑　雑種地 | 4,057.96 ㎡ | 正面 270,000 円 | 側方 (奥行 87.00m) 250,000 円 | 側方 (奥行 87.00m) 260,000 円 | 裏面 (奥行 46.60m) 260,000 円 | | |
| 間口距離 87.00 m | 利用区分 | (自用地)　私道　貸宅地　貸家建付借地権　貸家建付地　転貸借地権　借地権　（　　） | | | 地区区分 | ビル街地区　高度商業地区　繁華街地区　(普通住宅地区)　中小工場地区　大工場地区　普通商業・併用住宅地区 | |
| 奥行距離 46.60 m | | | | | | | |

| | | | | | 1 ㎡当たりの価額 円 | |
|---|---|---|---|---|---|---|
| 自 | 1　一路線に面する宅地 | （正面路線価）<br>270,000 円 × | （奥行価格補正率）<br>0.90 | | 243,000 | A |
| 用 | 2　二路線に面する宅地 | (A)<br>243,000 円 + | [側方・裏面 路線価]<br>260,000 円 × | （奥行価格補正率）<br>0.82 × | [側方・二方 路線影響加算率]<br>0.03 | 249,396 | B |
| 地 | 3　三路線に面する宅地 | (B)<br>249,150 円 + | [側方・裏面 路線価]<br>250,000 円 × | （奥行価格補正率）<br>0.82 × | [側方・二方 路線影響加算率]<br>0.03 | 255,546 | C |
| | 4　四路線に面する宅地 | (C)<br>255,546 円 + | [側方・裏面 路線価]<br>260,000 円 × | （奥行価格補正率）<br>0.90 × | [側方・二方 路線影響加算率]<br>0.02 | 260,226 | D |
| 1 | 5-1　間口が狭小な宅地等<br>（AからDまでのうち該当するもの） | （間口狭小補正率）　（奥行長大補正率）<br>円 × 　.　　× 　. | | | | E |

| 平 方 メ | 5-2　不　整　形　地<br>（AからDまでのうち該当するもの）　不整形地補正率※<br>円 × 0.<br><br>※不整形地補正率の計算<br>（想定整形地の間口距離）（想定整形地の奥行距離）（想定整形地の地積）<br>　m × 　m = 　㎡<br>（想定整形地の地積）（不整形地の地積）（想定整形地の地積）　（かげ地割合）<br>（ 　㎡ - 　㎡）÷ 　㎡ = 　%<br>（不整形地補正率表の補正率）（間口狭小補正率）（小数点以下2位未満切捨て）<br>（ 　. × 　. ＝ 　. ）①　不整形地補正率<br>（奥行長大補正率）（間口狭小補正率）①、②のいずれか低い率、0.6を下限とする。<br>　. × 　. ＝ 　. ②<br>1 ㎡当たりの価額 円 | F |
|---|---|

| ト 当 た | 6　地積規模の大きな宅地<br>（AからFまでのうち該当するもの）　規模格差補正率※<br>260,226 円 × 0.72<br><br>※規模格差補正率の計算<br>（地積（Ⓐ））　　（Ⓑ）　（Ⓒ）　（地積（Ⓐ））　（小数点以下2位未満切捨て）<br>（ 4,057.96 ㎡× 0.85 + 225 ）÷ 4,057.96 ㎡ × 0.8 ＝ 0.72<br>1 ㎡当たりの価額 円<br>187,362 | G |
|---|---|

| り の 価 額 | 7　無　道　路　地<br>（F又はGのうち該当するもの）　（※）<br>円 × （ 1 - 0. ）<br>※割合の計算（0.4を上限とする。）<br>（正面路線価）（通路部分の地積）　（F又はGのうち該当するもの）（評価対象地の地積）<br>（ 円 × ㎡）÷（ 円 × ㎡）= 0.<br>1 ㎡当たりの価額 円 | H |
|---|---|

| | 8-1　がけ地等を有する宅地　〔 南 、 東 、 西 、 北 〕<br>（AからHまでのうち該当するもの）　（がけ地補正率）<br>円 × 0.<br>1 ㎡当たりの価額 円 | I |
|---|---|

| | 8-2　土砂災害特別警戒区域内にある宅地<br>（AからHまでのうち該当するもの）　特別警戒区域補正率※<br>円 × 0.<br>※がけ地補正率の適用がある場合の特別警戒区域補正率の計算（0.5を下限とする。）<br>〔 南 、東 、西 、北 〕<br>（特別警戒区域補正率表の補正率）（がけ地補正率）（小数点以下2位未満切捨て）<br>　. × 　. ＝ 0.<br>1 ㎡当たりの価額 円 | J |
|---|---|

| | 9　容積率の異なる 2 以上の地域にわたる宅地<br>（AからJまでのうち該当するもの）　（控除割合（小数点以下3位未満四捨五入））<br>円 × （ 1 - 0. ）<br>1 ㎡当たりの価額 円 | K |
|---|---|

| | 10　私　　道<br>（AからKまでのうち該当するもの）<br>円 × 0.3<br>1 ㎡当たりの価額 円 | L |
|---|---|

| 自用地の評価額 | 自用地 1 平方メートル当たりの価額<br>（AからLまでのうちの該当記号）<br>( G )　187,362 円 | 地　積<br>4,057.96 ㎡ | 総　　　　額<br>（自用地 1 ㎡当たりの価額）×（地　積）<br>760,307,501 円 | M |
|---|---|---|---|---|

（注）1　5-1 の「間口が狭小な宅地等」と 5-2 の「不整形地」は重複して適用できません。
　　　2　5-2 の「不整形地」の「AからDまでのうち該当するもの」欄の価額について、AからDまでの欄で計算できない場合には、（第 2 表）の「備考」欄等で計算してください。
　　　3　「がけ地等を有する宅地」であり、かつ、「土砂災害特別警戒区域内にある宅地」である場合については、8-1 の「がけ地等を有する宅地」欄ではなく、8-2 の「土砂災害特別警戒区域内にある宅地」欄で計算してください。

（資 4-25-1-A4 統一）

132

〔記載例2〕

## 土地及び土地の上に存する権利の評価明細書（第2表）

| | | | | | |
|---|---|---|---|---|---|
| セットバックを必要とする宅地の評価額 | （自用地の評価額）<br>円 － ( | （自用地の評価額）<br>円 × | $\dfrac{㎡}{（総地積）}$ × 0.7 ) | （自用地の評価額）<br>円 | N |
| 都市計画道路予定地の区域内にある宅地の評価額 | （自用地の評価額）<br>円 × 0. | （補正率） | | （自用地の評価額）<br>円 | O |
| 大規模工場用地等の評価額 | ○ 大規模工場用地等<br>（正面路線価）（地積）（地積が20万㎡以上の場合は0.95）<br>円 × ㎡ × | | | 円 | P |
| | ○ ゴルフ場用地等<br>（宅地とした場合の価額）（地積）$\left(\begin{array}{c}1㎡当たり\\の造成費\end{array}\right)$（地積）<br>( 円 × ㎡×0.6) － ( 円× ㎡) | | | 円 | Q |
| 区分所有財産に係る評価額 | 敷地利用権の評価額 | （自用地の評価額）（敷地利用権（敷地権）の割合）<br>760,309,501円 × $\dfrac{25,351}{10,000,000}$ | | （自用地の評価額）<br>1,927,455円 | R |
| | 区分所有権の評価額 | 居住用の区分所有財産の場合 （自用地の評価額）（区分所有補正率）<br>1,927,455円 × 1.3986 | | （自用地の評価額）<br>2,695,738円 | S |

| | 利用区分 | 算　　　　式 | 総　　額 | 記号 |
|---|---|---|---|---|
| 総額計算による価額 | 貸宅地 | （自用地の評価額）（借地権割合）<br>円 × (1－ 0. ) | 円 | T |
| | 貸家建付地 | （自用地の評価額又はV）（借地権割合）（借家権割合）（賃貸割合）<br>円 × (1－ 0. ×0. ×$\dfrac{㎡}{㎡}$ ) | 円 | U |
| | 目的となっている土地の権利 | （自用地の評価額）（割合）<br>円 × (1－ 0. ) | 円 | V |
| | 借地権 | （自用地の評価額）（借地権割合）<br>円 × 0. | 円 | W |
| | 貸家建付借地権 | （W,ADのうちの該当記号）（借家権割合）（賃貸割合）<br>( ) 円 × (1－ 0. ×$\dfrac{㎡}{㎡}$ ) | 円 | X |
| | 転貸借地権 | （W,ADのうちの該当記号）（借地権割合）<br>( ) 円 × (1－ 0. ) | 円 | Y |
| | 転借権 | （W,X,ADのうちの該当記号）（借地権割合）<br>( ) 円 × 0. | 円 | Z |
| | 借家人の有する権利 | （W,Z,ADのうちの該当記号）（借家権割合）（賃貸割合）<br>( ) 円 × 0. ×$\dfrac{㎡}{㎡}$ | 円 | AA |
| | 権利 | （自用地の評価額）（割合）<br>円 × 0. | 円 | AB |
| | 権利が競合する場合の土地 | （T,Vのうちの該当記号）（割合）<br>( ) 円 × (1－ 0. ) | 円 | AC |
| | 他の権利と競合する場合の権利 | （W,ABのうちの該当記号）（割合）<br>( ) 円 × (1－ 0. ) | 円 | AD |
| 備考 | | | | |

（注）区分地上権と区分地上権に準ずる地役権とが競合する場合については、備考欄等で計算してください。

（資4-25-2-A4統一）

〔記載例３〕

**（平成30年１月１日以降用）「地積規模の大きな宅地の評価」の適用要件チェックシート（１面）**

（はじめにお読みください。）
1 このチェックシートは、財産評価基本通達20－2に定める「地積規模の大きな宅地」に該当するかを確認する際にご使用ください（宅地等の評価額を計算するに当たっては、「土地及び土地の上に存する権利の評価明細書」をご使用ください。）。
2 評価の対象となる宅地等が、路線価地域にある場合はＡ表を、倍率地域にある場合はＡ表及びＢ表をご使用になります。
3 「確認結果」欄の全てが「はい」の場合にのみ、「地積規模の大きな宅地の評価」を適用して評価することになります。
4 「地積規模の大きな宅地の評価」を適用して申告する場合、このチェックシートを「土地及び土地の上に存する権利の評価明細書」に添付してご提出ください。

| 宅地等の所在地番 | | 横浜市中区本牧5－1～4 | 地 積 | 4057.96 ㎡ |
|---|---|---|---|---|
| 所 有 者 | 住 所（所在地） | 横浜市中区本牧5－1－803 | 評価方式 | 路線価（A表で判定）・ 倍 率（A表及びB表で判定） |
| | 氏 名（法人名） | 松本 行成 | | |
| 被相続人 | 氏 名 | 松本 芳郎 | 相続開始日又は受贈日 | R6.6.10 |

**【A表】**

| 項 目 | 確認内容（適用要件） | 確認結果 |
|---|---|---|
| 面 積 | ○ 評価の対象となる宅地等（※2）は、次に掲げる面積を有していますか。<br>① 三大都市圏（注1）に所在する宅地については、500㎡以上<br>② 上記以外の地域に所在する宅地については、1,000㎡以上 | （はい） いいえ |
| 地区区分 | ○ 評価の対象となる宅地等は、路線価図上、次に掲げる地区のいずれかに所在しますか。<br>① 普通住宅地区<br>② 普通商業・併用住宅地区<br>＊ 評価の対象となる宅地等が倍率地域にある場合、普通住宅地区内に所在するものとしますので、確認結果は「はい」を選択してください。 | （はい） いいえ |
| 都市計画（※1） | ○ 評価の対象となる宅地等は、市街化調整区域（注2）以外の地域に所在しますか。<br>＊ 評価の対象となる宅地等が都市計画法第34条第10号又は第11号の規定に基づき宅地分譲に係る開発行為（注3）ができる区域にある場合、確認結果は「はい」を選択してください。 | （はい） いいえ |
| | ○ 評価の対象となる宅地等は、都市計画の用途地域（注4）が「工業専用地域」（注5）に指定されている地域以外の地域に所在しますか。<br>＊ 評価の対象となる宅地等が用途地域の定められていない地域にある場合、「工業専用地域」に指定されている地域以外の地域に所在するものとなりますので、確認結果は「はい」を選択してください。 | （はい） いいえ |
| 容積率（※1） | ○ 評価の対象となる宅地等は、次に掲げる容積率（注6）の地域に所在しますか。<br>① 東京都の特別区（注7）に所在する宅地については、300％未満<br>② 上記以外の地域に所在する宅地については、400％未満 | （はい） いいえ |

**【B表】**

| 項 目 | 確認内容（適用要件） | 確認結果 |
|---|---|---|
| 大規模工場用地 | ○ 評価の対象となる宅地等は、「大規模工場用地」（注8）に該当しない土地ですか。<br>＊ 該当しない場合は「はい」を、該当する場合は「いいえ」を選択してください。 | （はい） いいえ |

※1 都市計画の用途地域や容積率等については、評価の対象となる宅地等の所在する市（区）町村のホームページ又は窓口でご確認ください。
2 市街地農地、市街地周辺農地、市街地山林及び市街地原野についても、それらが宅地であるとした場合に上記の確認内容（適用要件）を満たせば、「地積規模の大きな宅地の評価」の適用があります（宅地への転用が見込めないと認められるものを除きます。）。
3 注書については、2面を参照してください。

134

〔記載例4〕

## 居住用の区分所有財産の評価に係る区分所有補正率の計算明細書

| （住居表示） | （　横浜市中区本牧町5－1　　　　　　　　　　　　　　　　　　　　　　） |
|---|---|
| 所 在 地 番 | 横浜市中区本牧町5－1～4 |
| 家 屋 番 号 | 本牧町5番1の803 |

（令和六年一月一日以降用）

※　①から⑦まで（③を除きます。）を入力することで計算が可能です。

| 区分所有補正率の計算 | A | ① 築年数（注1）<br><br>29　　年 | | | ①×△0.033<br><br>△ 0.957 |
|---|---|---|---|---|---|
| | B | ② 総階数（注2）<br><br>8　　階 | ③ 総階数指数（②÷33）<br>（小数点以下第4位切捨て、1を超える場合は1）<br>0.242 | | ③×0.239<br>（小数点以下第4位切捨て）<br>0.057 |
| | C | ④ 所在階（注3）<br><br>8　　階 | | | ④×0.018<br><br>0.144 |
| | D | ⑤ 専有部分の面積<br><br>93.10　　㎡ | ⑥ 敷地の面積<br><br>4,057.96　　㎡ | ⑦ 敷地権の割合（共有持分の割合）<br>25,351<br>10,000,000 | |
| | | ⑧ 敷地利用権の面積（⑥×⑦）<br>（小数点以下第3位切上げ）<br>10.29　　㎡ | ⑨ 敷地持分狭小度（⑧÷⑤）<br>（小数点以下第4位切上げ）<br>0.111 | | ⑨×△1.195<br>（小数点以下第4位切上げ）<br>△ 0.133 |
| | | ⑩　　評 価 乖 離 率（A＋B＋C＋D＋3.220） | | | 2.331 |
| | | ⑪　　評 価 水 準（ 1 ÷ ⑩ ） | | | 0.4290004290 |
| | | ⑫　区 分 所 有 補 正 率（注4・5） | | | 1.3986 |
| 備考 | | | | | |

(注1)　「① 築年数」は、建築の時から課税時期までの期間とし、1年未満の端数があるときは1年として計算します。

(注2)　「② 総階数」に、地階（地下階）は含みません。

(注3)　「④ 所在階」について、一室の区分所有権等に係る専有部分が複数階にまたがる場合は階数が低い方の階とし、一室の区分所有権等に係る専有部分が地階（地下階）である場合は0とします。

(注4)　「⑫ 区分所有補正率」は、次の区分に応じたものになります（補正なしの場合は、「⑫ 区分所有補正率」欄に「補正なし」と記載します。）。

| 区　　　　　　　分 | 区 分 所 有 補 正 率※ |
|---|---|
| 評 価 水 準 ＜ 0.6 | ⑩ × 0.6 |
| 0.6 ≦ 評 価 水 準 ≦ 1 | 補正なし |
| 1 ＜ 評 価 水 準 | ⑩ |

※　区分所有者が一棟の区分所有建物に存する全ての専有部分及び一棟の区分所有建物の敷地のいずれも単独で所有（以下「全戸所有」といいます。）している場合には、敷地利用権に係る区分所有補正率は1を下限とします。この場合、「備考」欄に「敷地利用権に係る区分所有補正率は1」と記載します。
　　　ただし、全戸所有している場合であっても、区分所有権に係る区分所有補正率には下限はありません。

(注5)　評価乖離率が0又は負数の場合は、区分所有権及び敷地利用権の価額を評価しないこととしていますので、「⑫ 区分所有補正率」欄に「評価しない」と記載します（全戸所有している場合には、評価乖離率が0又は負数の場合であっても、敷地利用権に係る区分所有補正率は1となります。）。

（資4－25－4－A4統一）

〔記載例5〕

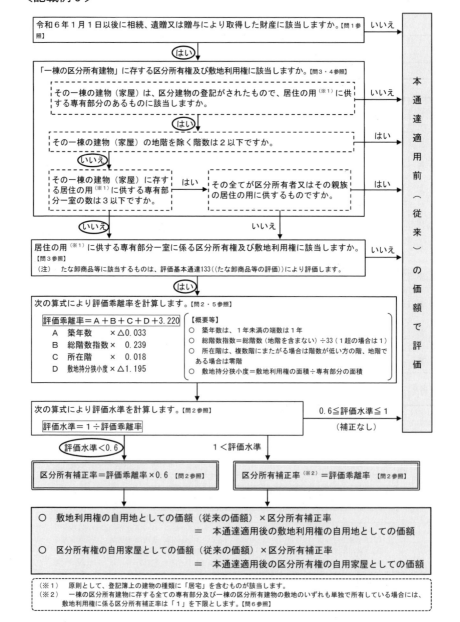

令和6年1月1日以後に相続、遺贈又は贈与により取得した財産に該当しますか。【問1参照】 → いいえ

はい ↓

「一棟の区分所有建物」に存する区分所有権及び敷地利用権に該当しますか。【問3・4参照】

その一棟の建物（家屋）は、区分建物の登記がされたもので、居住の用（※1）に供する専有部分のあるものに該当しますか。 → いいえ

はい ↓

その一棟の建物（家屋）の地階を除く階数は2以下ですか。 → はい

いいえ ↓

その一棟の建物（家屋）に存する居住の用（※1）に供する専有部分一室の数は3以下ですか。 → はい → その全てが区分所有者又はその親族の居住の用に供するものですか。 → はい

いいえ ↓ ／ いいえ

居住の用（※1）に供する専有部分一室に係る区分所有権及び敷地利用権に該当しますか。【問3参照】 → いいえ
（注） たな卸商品等に該当するものは、評価基本通達133（（たな卸商品等の評価））により評価します。

はい ↓

次の算式により評価乖離率を計算します。【問2・5参照】

評価乖離率＝Ａ＋Ｂ＋Ｃ＋Ｄ＋3.220
Ａ　築年数　　×△0.033
Ｂ　総階数指数×　0.239
Ｃ　所在階　　×　0.018
Ｄ　敷地持分狭小度×△1.195

【概要等】
○ 築年数は、1年未満の端数は1年
○ 総階数指数＝総階数（地階を含まない）÷33（1超の場合は1）
○ 所在階は、複数階にまたがる場合は階数が低い方の階、地階である場合は零階
○ 敷地持分狭小度＝敷地利用権の面積÷専有部分の面積

次の算式により評価水準を計算します。【問2参照】

評価水準＝1÷評価乖離率

0.6≦評価水準≦1
（補正なし）

評価水準＜0.6 ／ 1＜評価水準

区分所有補正率＝評価乖離率×0.6 【問2参照】 ／ 区分所有補正率（※2）＝評価乖離率 【問2参照】

○ 敷地利用権の自用地としての価額（従来の価額）×区分所有補正率
　　　　＝ 本通達適用後の敷地利用権の自用地としての価額

○ 区分所有権の自用家屋としての価額（従来の価額）×区分所有補正率
　　　　＝ 本通達適用後の区分所有権の自用家屋としての価額

本通達適用前（従来）の価額で評価

（※1）　原則として、登記簿上の建物の種類に「居宅」を含むものが該当します。
（※2）　一棟の区分所有建物に存する全ての専有部分及び一棟の区分所有建物の敷地のいずれも単独で所有している場合には、敷地利用権に係る区分所有補正率は「1」を下限とします。【問6参照】

# 参考資料

▶相続税更正処分等取消請求控訴事件／国側当事者・国（札幌
南税務署長）　　　　　　　　　　　　　　　（令和2年6月24日判決）

## 主　文

1　本件各控訴をいずれも棄却する。

2　控訴費用は、控訴人らの負担とする。

## 事実及び理由

第1　控訴の趣旨

1　原判決を取り消す。

2　処分行政庁が平成28年4月27日付けで控訴人Aに対してした、被相続人
　Dの相続に係る相続税の更正処分及び過少申告加算税の賦課決定処分をい
　ずれも取り消す。

3　処分行政庁が平成28年4月27日付けで控訴人Bに対してした、第2項の
　相続に係る相続税の更正処分及び過少申告加算税の賦課決定処分をいずれ
　も取り消す。

4　処分行政庁が平成28年4月27日付けで控訴人Cに対してした、第2項の
　相続に係る相続税の更正処分及び過少申告加算税の賦課決定処分をいずれ
　も取り消す。

第2　事案の概要（略語は、新たに定義しない限り、原判決の例による。以下、
　本判決において同じ。）

　1⑴　被相続人D（本件被相続人。大正7年○月○○日生）は、平成24年6
　　　月17日に死亡し、その相続（本件相続）が開始した。本件被相続人の相
　　　続人は、本件被相続人の妻であるE（訴外E）、長女である控訴人B、
　　　長男である控訴人A、二男であるF（訴外F）及び養子（訴外Fの長

男）である控訴人Ｃの５名（本件共同相続人）であった。

(2)　本件相続に係る相続財産には、原判決別表１記載の東京都杉並区 $\alpha$ ×丁目所在の土地（本件甲土地）及び本件甲土地上に存する原判決別表２記載の建物（本件甲建物）並びに原判決別表３記載の川崎市 $\beta$ 区 $\gamma$ ×丁目所在の土地（本件乙土地）及び本件乙土地上に存する建物（本件乙建物）が含まれていた。

(3)　本件共同相続人は、本件被相続人の平成21年10月16日付け公正証書による遺言及び本件共同相続人の間で平成24年10月17日に行った協議による遺産の分割に基づき、本件相続に係る相続財産を取得した（本件甲土地及び本件甲建物〔本件甲不動産〕並びに本件乙土地及び本件乙建物〔本件乙不動産〕は、上記遺言により、控訴人Ｃが取得した。）。

(4)　控訴人らは、平成25年３月11日、本件相続開始時における本件甲不動産及び本件乙不動産（本件各不動産）の相続税法22条に規定する時価を財産評価基本通達〔昭和39年４月25日付け直資56・直審（資）17による国税庁長官通達。ただし、平成25年５月16日付け課評２－18による改正前のもの。評価通達〕の定めによって評価した価額（本件各通達評価額）として、処分行政庁に対し、本件相続に係る相続税（本件相続税）の申告（本件申告）をした。

(5)　札幌国税局長は、平成28年２月17日付けで、国税庁長官に対し、本件各不動産について評価通達６を適用し、評価通達の定める評価方法によらずに他の合理的な評価方法によって評価することとしたい旨の上申（本件上申）をし、国税庁長官から、同年３月10日付けで、本件上申について「貴見のとおり取り扱うこととされたい」との指示（本件指示）を受けた。

(6)　処分行政庁は、本件各不動産について、評価通達の定めによって評価することが著しく不適当と認められるとして、別途実施した鑑定におけ

139

る評価額（本件各鑑定評価額）をもって、本件相続開始時における相続税法22条に規定する時価として、控訴人ら各自に対応した平成28年4月27日付けの各通知書（本件各通知書）を控訴人らに対し送達することにより、本件相続税に係る各更正処分（本件各更正処分）及び過少申告加算税の各賦課決定処分（本件各賦課決定処分）をした。

2　本件は、本件被相続人の相続人である控訴人らが、本件各不動産について、評価通達の定めによって評価することが著しく不適当とは認められず、本件相続開始時における相続税法22条に規定する時価を本件各鑑定評価額とすることは違法であるなどとして、被控訴人に対し、本件相続税について処分行政庁から受けた本件各更正処分及び本件各賦課決定処分（本件各更正処分等）の各取消しを求める事案である。

3　原審は、要旨、本件各不動産については、評価通達の定める評価方法以外の評価方法によって評価することが許され、その相続税法22条に規定する時価は本件各鑑定評価額であると認められ、また、本件各更正処分等に手続上の違法も認めないから、本件各更正処分等は適法であるとして、控訴人らの各請求をいずれも棄却する旨の判決をした。

4　控訴人らは、原判決を不服として本件各控訴を提起した。

5　関係法令等の定め、前提事実、本件各更正処分等の根拠及び適法性に関する被控訴人の主張、争点及び争点に関する当事者の主張の要旨は、次のとおり補正し、後記6のとおり当審における当事者の主張を加えるほかは、原判決の「事実及び理由」第2・1ないし5（原判決2頁8行目から19頁15行目まで。別紙1及び別紙2、別表1ないし5並びに6の1及び2を含む。）に記載のとおりであるから、これを引用する。

⑴　原判決2頁23、24行目の「公正証書に係る遺言」を「公正証書による遺言」と、同頁25行目の「遺産分割に従って、」を「協議による遺産の分割に基づき、」と、それぞれ改める。

(2)　原判決5頁16行目の「上記上申」を「本件上申」と改める。

(3)　原判決6頁23、24行目の「評価通達の定める評価方法によらない評価が許されるための特別の事情の内容」を「財産を評価通達の定めによらずに評価することが許される場合」と改める。

(4)　原判決9頁20行目の「というべきであり、」を「ことからすると、」と改める。

(5)　原判決9頁24行目の「行為について」を「行為が専ら相続対策を目的とするものであったこと」と改める。

(6)　原判決19頁3行目の「民集65巻4号2081頁参照」の次に「(以下「最高裁平成23年判決」という。)」を加える。

6　当審における当事者の主張

(1)　争点〔1〕(本件相続開始時における本件各不動産の時価)について

(控訴人ら)

ア　相続税法22条に規定する時価として、財産を評価通達の定めによらずに評価する要件である「特別の事情」については、処分行政庁のみならず、納税者においても、その要件に該当する評価根拠事実を特定することができる程度の一般化した判断基準が示されていなければ、時価評価の予測可能性と法的安定性を害し、租税法律主義に違反する。

イ　相続税法は、特段の定めがある場合を別として、相続開始前における被相続人が財産を形成し、又はこれを変動させた行為が、相続開始時における当該財産の評価に影響を与えるという仕組みを採用しておらず、評価通達1(3)も、「財産の評価に当たっては、その財産の価額に影響を及ぼすべきすべての事情を考慮する。」と定めており、「特別の事情」とは評価通達による評価額が実情に即しないような特殊事情を備えた財産が持つ固有の事情を差し(最高裁平成29年2月28日民集71巻2号286頁)、最高裁平成23年2月18日判決(裁集民236号71頁)

の判断からしても、時価評価に全く影響しない相続開始前後の事情や租税回避又は租税負担の減少の意図などは、財産を評価通達の定めによらずに評価する要件である「特別の事情」に当たらない。また、相続税法は租税回避を防止するための租税回避措置の否認を個別具体的に規定していることからすると、このような個別の規定が存在しない以上、評価通達6を租税回避措置の否認のために用いることは租税法律主義に反する。

ウ　本件各不動産に係る本件各鑑定評価額と本件各通達評価額との間の3ないし4倍の開差というのは、特に異常なものではなく、本件各不動産の周辺の同種又は類似する物件についても同じく普遍的に存在することからすると、本件各不動産についての「特別」な事情とはいえないから、評価通達の定めによらずに評価する要件である「特別の事情」に当たらない。

　　また、相続税に係る財産評価は、相続財産の評価であり、将来収益を見込むフローの財産評価ではなく、相続開始時点の財産評価であるから、土地については路線価を、建物については固定資産評価基準に基づく固定資産評価額を、それぞれ採用することが合理的であると評価通達が定めているのであって、本件各鑑定評価額とは評価における根本的な考え方が異なるので、本件各通達評価額と本件各鑑定評価額を比較して開差が大きいとすること自体が不合理である。

エ　本件被相続人が本件各不動産を取得したのは、札幌市内に所有していた賃貸物件が建物の経年により投資運用効率が悪化してきたことや、不動産事業の承継者である控訴人Cが将来に存在することを予定している首都圏に賃貸物件の拠点を移すためであった。本件被相続人は本件相続開始の3年半前に本件甲不動産を購入し、これを賃貸して賃料を得るようになり、本件相続開始後も控訴人Cはこれを保有し続けて

おり、また、本件被相続人が本件乙不動産を購入したのも本件相続開始の2年半前であり、同様にこれを賃貸して賃料収入を得ており、控訴人Cが本件相続開始の9か月後にこれを売却したのは、より利回りの良い物件の取得を準備するためであった。本件相続開始前後の本件各不動産に係る一連の取引は、G株式会社(G)の次世代への事業承継のための経営効率の改善を目的としたものであって、租税回避を目的としたものではなかった。

（被控訴人）

ア　そもそも、評価通達は、相続税及び贈与税の課税財産の全てについて、また、稀にしか起こらない事例についてまで、具体的な評価方法又は評価額を示すことなく、評価通達5及び6によって評価することとしているのであって、評価通達6は適正な時価評価を行うための言わば評価通達の他の各規定の補完的な役割を担うものであるから、このような通常想定していない例外的な場面でのみ適用される評価通達6について、普遍化できる評価基準を具体的に示すことは著しく困難である。

イ　財産の評価通達の定めによらない評価は、評価通達の定める評価方法を画一的に適用するという形式的な平等を貫くことによって、かえって実質的な租税負担の公平を著しく害することが明らかな場合に認められるものであって、当該財産について潜在的な価格変動要因がある場合に限られない。納税者の一連の行為により意図的に相続税の租税負担を軽減させることは、本来相続税法の予定するところではなく、法の趣旨目的に反するものであって、それが実質的な租税負担の公平を著しく害するのであれば、そのような納税者の主観的意図についても、評価通達の定めによらずに評価すべき特別な事情の判断における考慮要素となる。

なお、被控訴人は、税負担の軽減を結果としてもたらす行為を阻止するための根拠又はツールとして評価通達6を適用しているのではなく、租税回避が行われたとして、それが本来相続法の予定するところではなく、法の趣旨目的に反するものであって、実質的な租税負担の公平を著しく害するという場合には、それが特別の事情に該当するとしているにすぎない。そして、特別の事情がある場合に評価通達6を用いることは租税平等主義や租税要件明確主義に反しない（東京高裁平成27年4月22日判決・税務訴訟資料265号順号12654号）。

ウ　本件各不動産は、評価通達の定めによっては適正な時価を適切に評価することができない。本件各不動産については、評価通達の定めによらずに評価することが相当と認められるような特別の事情が認められることから、他の客観的な交換価値と認められる本件各鑑定評価額をその時価として本件各更正処分がされたのであって、本件各更正処分が相続税法の規定及びその解釈に基づいて行われた適法なものであることは明らかである。

(2)　争点〔2〕（評価通達6の定める国税庁長官の指示に関する手続上の違法の有無）について

（控訴人ら）

　評価通達6の適用に当たって「国税庁長官の指示を受けて評価する」として国税庁長官の指示を要件とした趣旨は、手続法上の平等取扱原則（憲法14条）を担保し、評価通達の恣意的な使い分けを防止するという憲法上の適正手続の保障にある。評価通達の例外規定である評価通達6を適用するに当たっては、納税者に対する十分な手続保障が不可欠であり、国税庁長官の指示は、憲法上の適正手続の保障の要請と位置付けなければならない。そのため、課税処分を行う行政庁に対しても厳格な手続要件の履践を強制し、事前に国税庁長官の指示を受けた場合に限り、

評価通達6による課税が対外的にも効力を認められると解すべきである。

しかるに、本件各更正処分において、処分行政庁は、国税庁長官の指示を待たず、その約1年前に不動産鑑定会社2社に本件各不動産の鑑定評価を依頼し、鑑定評価書を入手しており、評価通達が行政先例法としての地位を占めていることからすると、その違反は重大な法的瑕疵といえる。

（被控訴人）

評価通達6の適用の有無は、鑑定等によって評価額を算定しなければ判断することができないのが当然であり、本件でも、本件各通達評価額が適当であるか否かを確認するために、国税庁長官への本件上申の前に鑑定評価が実施された。処分行政庁は、その後、国税庁長官への本件上申を行って、その指示（本件指示）を適切に受けているのであるから、本件各更正処分について、評価通達6の国税庁長官の指示に係る手続上の瑕疵が存在しないことは明らかである。

また、評価通達6の「国税庁長官の指示」は行政組織内部における指示、監督に関するものと解すべきであり、この規定に反することが直ちに国民の権利、利益に不利益を与えるものとはいえないから、その指示の有無によって本件各更正処分の効力が影響を受けるものと解することはできない。

(3)　争点〔3〕（本件各更正処分等の理由の提示に関する違法の有無）について

（控訴人ら）

本件各更正処分等の理由としては、本件各通知書において、処分行政庁指定の不動産鑑定士による本件各鑑定評価額を唯一絶対的な時価であるとして、本件各申告における本件各通達評価額との開差が3倍ないし4倍あることのみが記載されるにとどまっており、評価通達6の適用要

件を充足することの具体的な理由が述べられていない。また、本件上申に係る上申書には、本件各土地に係る一連の行為が過度の節税に該当するのでこれ否認したい旨が記載されていたところ、本件各通知書の記載はこれと齟齬があることからすると、通常一般人の視点からみて処分行政庁の恣意抑制及び不服申立ての便宜という理由提示制度の趣旨を充たしていないことは明らかである。

（被控訴人）

　本件各更正処分等の通知書には、本件各更正処分等の理由として、処分行政庁が、相続財産の評価に係る法令解釈等を踏まえ、本件各通達評価額と本件各不動産の取得価額及び譲渡価額（本件各取引額）並びに本件各鑑定評価額との間には、著しい価額のかい離があり、本件各不動産の価額を評価通達の定めにより評価することが著しく不適当であると認定した上で、国税庁長官の指示に基づいて本件各不動産の価額の評価を行い、本件各更正処分等をした旨が記載されており、本件各更正処分等の理由が理由提示制度の趣旨目的を充足する程度に具体的に明示されていると認められるから、理由の提示として欠けるところはない。

第3　当裁判所の判断

1　当裁判所は、本件各更正処分について、本件各不動産に係る相続税法22条に規定する時価を、評価通達の定めによって評価した本件各通達評価額とせず、本件各鑑定評価に基づく本件各鑑定評価額としたことは適法であり、また、控訴人らの主張する国税庁長官の指示の有無は、本件各更正処分の効力を左右するものではなく、さらに、本件各更正処分等については、行政手続法14条1項本文の趣旨が求める程度に理由が提示されているものと認められるから、本件各更正処分等は適法であり、これらの取消しを求める旨の控訴人らの請求はいずれも棄却すべきものと判断する。その理由は、次のとおり補正し、後記2において当審における当事者の主張に対す

る判断を加えるほかは、原判決の「事実及び理由」第3・1ないし5（原判決19頁17行目から29頁14行目まで。別紙2及び各別表を含む。）に記載のとおりであるから、これを引用する。

⑴　原判決20頁10行目の「評価通達の定める」から同頁12行目の「認められる限り、」までを削る。

⑵　原判決20頁16行目の「評価対象の財産に」から同頁20行目の「解されるのであって、」までを削る。

⑶　原判決20頁25行目の「他方、」の次に「評価通達に定められた評価方法によるべきであるとする趣旨が上記のようなものであることからすると、」を加える。

⑷　原判決21頁2、3行目の「租税負担の実質的な公平を著しく害することが明らかである特別の事情（評価通達6参照）がある場合には、」を「実質的な租税負担の公平を著しく害し、法の趣旨及び評価通達の趣旨に反することになるなど、評価通達に定められた方法によることが不当な結果を招来すると認められるような特別の事情がある場合には、」と改める。

⑸　原判決22頁11行目の「これらに加え、」を「一方、」と改める。

⑹　原判決22頁22行目の「をも勘案すれば、」を「などからすると、本件各鑑定評価額及び本件各取引額とかい離する」と改める。

⑺　原判決22頁23行目の「（本件相続開始時」から同頁25行目の「有すること）」までを削る。

⑻　原判決22頁26行目末尾に「そして、本件各不動産の価額の相違により、原判決別表4の「各人の合計」の「相続税の総額」欄のとおり、2億4000万円を超える課税額の差が生じている。」を加える。

⑼　原判決23頁3行目末尾に「むしろ」を加える。

⑽　原判決25頁7行目末尾に「そして、このような事情は、本件各不動産

について、評価通達の定める評価方法によっては適正な時価を適切に算定することができず、実質的な租税負担の公平を著しく害し、法の趣旨及び評価通達の趣旨に反することになるなど、評価通達に定められた方法によることが不当な結果を招来すると認められるような特別の事情の存在を示すものといえる。」を加える。

⑾　原判決25頁8行目の「以上にみた事実関係の下では、」を「以上のとおり、本件各通達評価額が、本件各鑑定評価額、本件各取引額及び本件乙不動産売却額と相当程度かい離していることに加え、これによって、相続税額にも相当額の差を生じており、これらについて、本件被相続人及び控訴人らが意図してあえて実行したものと認められることからすると、本件各不動産については、評価通達の定めによって適正な時価を適切に算定することが困難であると認めるのが相当であるから、」と改める。

⑿　原判決25頁12行目の「租税負担の」から同頁14行目末尾までを「実質的な租税負担の公平を著しく害し、法の趣旨及び評価通達の趣旨に反することになるなど、評価通達に定められた方法によることが不当な結果を招来すると認められるような特別の事情がある場合に当たるものと認められるから、評価通達の定める方法以外の他の合理的な方法によって評価することが許されるものと解される。」と改める。

⒀　原判決26頁4、5行目の「租税負担の実質的な公平を著しく害することが明らかである特別の事情があるか否かという観点」を「実質的な租税負担の公平を著しく害し、法の趣旨及び評価通達の趣旨に反することになるなど、評価通達に定められた方法によることが不当な結果を招来すると認められるような特別の事情がある場合に当たるか否かという観点」と改める。

⒁　原判決26頁5、6行目の「原告らの上記主張はその前提を異にするも

のである。」を「控訴人らの上記主張は、その前提となる解釈を採用することができないものである。」と改める。

⒂　原判決26頁14行目の「評価通達は」から同頁17行目末尾までを「評価通達6の「国税庁長官の指示」は、行政組織内部における指示、監督に関する定めと解すべきであり、これに反することが直ちに国民の権利を害したり、不利益を与えたりするものとはいえないから、その指示の有無は評価通達6による更正処分等の効力に影響を与えるものとは解されない。」と改める。

⒃　原判決27頁6行目の「前掲最高裁平成23年判決参照」を「最高裁平成23年判決　参照」と改める。

2　当審における当事者の主張に対する判断

⑴　争点〔1〕（本件相続開始時における本件各不動産の時価）について

　ア　控訴人らは、財産を評価通達の定めによらずに評価する要件である「特別の事情」については、処分行政庁のみならず、納税者にとっても、その要件に該当する評価根拠事実を特定することができる程度の一般化した判断基準が示されていなければ、時価評価の予測可能性と法的安定性を害し、租税法律主義に違反すると主張する。

　　しかし、相続によって取得した財産の価額は、当該財産の取得の時における時価によるということは、相続税法22条によって定められており、評価通達でも、評価通達1⑵において、財産の価額は、時価によるものとし、時価とは、課税時期において、それぞれの財産の現況に応じ、不特定多数の当事者間で自由な取引が行われる場合に通常成立すると認められる価額をいい、その価額は、評価通達の定めによって評価した価額によるとした上で、評価通達6において、評価通達の定めによって評価することが著しく不適当と認められる財産については、評価通達の定めによって評価されない場合があることを定めてい

ることからすると、相続により取得した財産について、本判決におい
て付加訂正の上で引用する原判決（以下「原判決」という。）の「事
実及び理由」第3・1(1)（原判決19頁18行目から21頁4行目まで）で
説示するような場合に、評価通達の定める評価方法以外の方法によっ
て評価した価額を当該財産の時価とすることについて、それがどのよ
うな場合であるかについて通達等によってあらかじめ示されていなか
ったからといって、租税法律主義に違反するものとは解されない。

　よって、控訴人らの上記主張を採用することはできない。

　なお、付言するに、原判決の「事実及び理由」第3・1(2)（原判決
21頁5行目から25頁18行目まで）で判示するように、本件甲不動産通
達評価額は2億0004万1474円、本件乙不動産通達評価額は1億3366万
4767円であるところ、本件被相続人が本件相続開始の約3年半前に本
件甲不動産を購入した額は8億3700万円であり、その約2年半前に本
件乙不動産を購入した額は5億1900万円であって、こうした事実に照
らすと、控訴人らにおいて、本件各通達評価額が時価とかい離してい
ることを想定することは、可能であったというべきであり、本件各更
正処分等が時価評価の予測可能性を侵害しているとはいい難い。

イ　控訴人らは、時価評価に全く影響しない相続開始前後の事情や租税
回避又は租税負担の減少の意図などは、財産を評価通達の定めによら
ずに評価する要件である「特別の事情」に当たらず、租税回避の否認
のための特段の規定もない以上、評価通達6を租税回避措置の否認の
ために用いることは租税法律主義に反するなどと主張する。

　しかし、相続法22条の規定する財産の時価の判断において、相続開
始前後の事情を考慮することができないとの控訴人らの主張を採用す
ることができないことは、原判決の「事実及び理由」第3・1(3)（原
判決25頁19行目から26頁6行目まで）で説示するとおりである。

　また、本件における被控訴人の主張や本件各通知書の記載によれば、処分行政庁は、飽くまで、本件各通達評価額と本件各鑑定評価額との間の著しいかい離から、本件各不動産を評価通達の定めによって評価することが著しく不適当であるなどとして、本件各不動産を評価通達の定めによって評価しないものとしたのであって、単に税負担の軽減を結果としてもたらす行為を阻止するために評価通達6を適用したものとは認められないから、控訴人らの主張はその前提を誤るものというべきである。

　その他、控訴人らは、自らの主張の根拠として最高裁平成23年2月18日判決（裁集民236号71頁）の存在を指摘するが、同判決の事案は本件とは事案を異にするものであり、同判決が判示するところは本件に妥当するものとは認められない。

　したがって、控訴人らの上記主張を採用することはできない。

ウ(ア)　控訴人らは、本件各不動産に係る本件各鑑定評価額と本件各通達評価額との3ないし4倍の開差について、特に異常なものではなく、本件各不動産の周辺の同種又は類似する物件についても同じく普遍的に存在することからすると、本件各不動産についての「特別」な事情とはいえず、本件各不動産を評価通達の定めによって評価しない「特別の事情」に当たらないと主張する。

　　しかしながら、上記の開差は、それ自体が大きなものと認められるし、それによって生ずる税額の差や、本件被相続人及び控訴人らが、あえて、本件各不動産の購入及び本件被相続人の本件相続開始時の残債務に係る各借入れ（本件各借入れ）が近い将来発生することが予想される本件被相続人の相続において控訴人らの相続税の負担を減じ又は免れさせるものであることを知り、かつ、それを期待して、本件各不動産の購入及び本件各借入れを企画して実行し、そ

の結果、本件各借入れ及び本件不動産の購入がなければ、本件相続に係る課税価格は6億円を超えるものであったにもかかわらず、本件各通達評価額を前提とする本件各申告による課税価格は2826万1000円にとどまり、基礎控除により本件相続に係る相続税は課税されないことになることなどからすると、原判決の「事実及び理由」第3・1(2)ウの第1段落（原判決25頁8行目から14行目まで）で説示するとおり、本件各不動産については、評価通達の定める評価方法によっては適正な時価を適切に算定することができないものと認められ、評価通達の定める評価方法によって評価した価額を時価とすることは、かえって租税負担の実質的な公平を著しく害することが明らかであると認められる。しかるに、控訴人らの提出する証拠（甲15の〔1〕ないし〔3〕、21、23）によっても、本件各不動産の周辺の同種又は類似する物件についても同じく普遍的に存在するまでは認められない。

　また、仮に、本件各不動産の周辺の同種又は類似する物件について、評価通達の定めによる評価と実際の取引額等の間に本件各不動産と同様の開差が生じる可能性がある物件が存在し、あるいは、実際、同様の開差が生じているのに評価通達による課税がされた物件が存在したとしても、そのような物件が存在することによって、直ちに、本件各不動産について評価通達の定めによらずに評価したことが租税平等の原則に違反する違法なものになるとは認められない。

　したがって、控訴人らの上記主張を採用することはできない。

(イ)　また、控訴人らは、相続税に係る財産評価は、相続財産の評価であり、将来収益を見込むフローの財産評価ではなく、相続開始時点の財産評価であり、土地について路線価を、建物については固定資産評価基準に基づく固定資産評価額を、採用することが合理的であ

ると評価通達が定めているのであって、本件鑑定評価額は評価における根本的な考え方が異なるので、両者を比較して開差が大きいとすること自体が不合理であると主張する。

　しかし、原判決の「事実及び理由」第3・1(2)ア(イ) bの第2段落（原判決23頁23行目から24頁1行目まで）で説示するとおり、相続税法22条に規定する時価、すなわち当該財産の客観的な交換価値は、不特定多数の当事者間で自由な取引が行われた場合に通常成立すると認められる価額をいうものと解されるところ、収益還元法を用いた本件各鑑定評価額もこの価額に相当し得るものであるから、その価額と本件各通達評価額を比較してその開差を考慮することが不合理なものであるなどとは認められない。

　したがって、控訴人らの上記主張を採用することはできない。

エ　控訴人らは、本件相続開始前後の本件各不動産に係る一連の取引は、Gの次世代への事業承継のための経営効率の改善を目的としたものであって、租税回避を目的としたものではなかったと主張する。

　しかし、先にも判示したとおり、処分行政庁は、飽くまで、本件各通達評価額と本件各鑑定評価額との間の著しいかい離から、本件各不動産を評価通達の定めによって評価することが著しく不適当であるなどとして、本件各不動産を評価通達の定めによって評価しないものとしたのであって、単に税負担の軽減を結果としてもたらす行為を阻止するために評価通達6を適用したものとは認められないから、控訴人らのこの点についての主張は先の判断を左右できない。この点を措くとしても、本件被相続人及び控訴人らは、本件各不動産の購入及び本件各借入れを、本件被相続人及びGの事業承継の過程の一つと位置付けつつ、それらが近い将来発生することが予想される本件被相続人の相続において控訴人らの相続税の負担を減じ又は免れさせるもので

あることを知り、かつ、それを期待して、あえてそれらを企画して実行したと認められ、これを覆すに足りる証拠は見当たらないことは、原判決の「事実及び理由」第3・1(2)イ（原判決24頁3行目から25頁7行目まで）で説示するとおりである。

したがって、控訴人らの上記主張を採用することはできない。

(2) 争点〔2〕（評価通達6の定める国税庁長官の指示に関する手続上の違法の有無）について

控訴人らは、処分行政庁が、国税庁長官の指示を待たず、その約1年前に不動産鑑定会社2社に鑑定評価を依頼し、鑑定評価書を入手していることが、「国税庁長官の指示を受けて評価する」とした評価通達6に違反するものであって、これが手続上の重大な法的瑕疵に当たると主張するが、評価通達6の定める国税庁長官の指示の有無が本件各更正処分の効力に影響を与えるものではないことは、原判決の「事実及び理由」第3・2（原判決26頁9行目から19行目まで）で説示するとおりである。また、控訴人らは、評価通達6の「国税庁長官の指示を受けて評価する」という定めをもって、国税庁長官の指示を受けた後に鑑定等による評価を行うべきことを定めたものであることを前提として、本件各更正処分等における評価通達6の適用に係る手続が評価通達6の定めに違反すると主張するようであるが、評価通達6は、評価通達6に基づいて評価を行って課税処分をすることを国税庁長官の指示に係らしめたものであって、課税庁が国税庁長官の指示に先立って鑑定等を実施することを禁止したものとは解されない。したがって、控訴人らの主張は、評価通達6の解釈を誤るものであって、採用できない。

(3) 争点〔3〕（本件各更正処分等の理由の提示に関する違法の有無）について

控訴人らは、本件各通知書には、本件各鑑定評価額と本件各申告にお

154

ける本件各不動産の評価額との開差が3倍ないし4倍あることが記載されるにとどまっており、評価通達6の適用要件を充足することの具体的な理由が述べられていないから、本件各更正処分等の理由の提示は違法であると主張するが、本件各更正処分等の理由の提示に関する違法が認められないことは、原判決の「事実及び理由」第3・3(2)及び(3)（原判決26頁23行目から28頁9行目まで）で認定、説示するとおりである。控訴人らは、本件各通知書に記載された本件各更正処分等の理由と本件上申に係る上申書の記載との齟齬も問題とするが、当事者に示された理由提示の内容と行政庁の内部文書の内容との違いをもって当該理由提示が違法なものになるという主張は、控訴人独自のものであって採用することができない。よって、控訴人らの主張を採用することはできない。

3　その他、控訴人らは種々主張するが、前記認定、判断を左右するものはない。

第4　結論

　よって、原判決は相当であり、本件各控訴は理由がないから、これらをいずれも棄却することとして、主文のとおり判決する。

▶相続税更正処分等取消請求上告受理事件／国側当事者・国
（札幌南税務署長）　　　　　　　　　（令和4年4月19日判決）

主　文

本件上告を棄却する。

上告費用は上告人らの負担とする。

理　由

上告代理人増田英敏、上告復代理人大山勉、上告補佐人戸井敏夫の上告受理
申立て理由について

1　本件は、共同相続人である上告人らが、相続財産である不動産の一部につ
いて、財産評価基本通達〔昭和39年4月25日付け直資56、直審（資）17国税
庁長官通達。以下「評価通達」という。〕の定める方法により価額を評価し
て相続税の申告をしたところ、札幌南税務署長から、当該不動産の価額は評
価通達の定めによって評価することが著しく不適当と認められるから別途実
施した鑑定による評価額をもって評価すべきであるとして、それぞれ更正処
分（以下「本件各更正処分」という。）及び過少申告加算税の賦課決定処分
（以下「本件各賦課決定処分」という。）を受けたため、被上告人を相手に、
これらの取消しを求める事案である。

2　原審の適法に確定した事実関係等の概要は、次のとおりである。

(1)　相続税法22条は、同法第3章で特別の定めのあるものを除くほか、相続
等により取得した財産の価額は当該財産の取得の時における時価により、
当該財産の価額から控除すべき債務の金額はその時の現況による旨を規定
する。

(2)　評価通達1(2)は、時価とは課税時期（相続等により財産を取得した日

等）においてそれぞれの財産の現況に応じ不特定多数の当事者間で自由な取引が行われる場合に通常成立すると認められる価額をいい、その価額は評価通達の定めによって評価した価額による旨を定める。他方、評価通達6は、評価通達の定めによって評価することが著しく不適当と認められる財産の価額は国税庁長官の指示を受けて評価する旨を定める。

(3)　D（以下「被相続人」という。）は、平成24年6月17日に94歳で死亡し、上告人らほか2名（以下「共同相続人ら」という。）がその財産を相続により取得した（以下、この相続を「本件相続」という。）。

　　被相続人の相続財産には、第1審判決別表1記載の土地及び同別表2記載の建物（以下、併せて「本件甲不動産」という。）並びに同別表3記載の土地及び建物（以下、併せて「本件乙不動産」といい、本件甲不動産と併せて「本件各不動産」という。）が含まれていたところ、これらについては、被相続人の遺言に従って、上告人らのうちの1名が取得した。なお、同人は、平成25年3月7日付けで、本件乙不動産を代金5億1500万円で第三者に売却した。

(4)　本件各不動産が被相続人の相続財産に含まれるに至った経緯等は、次のとおりである。

　ア　被相続人は、平成21年1月30日付けで信託銀行から6億3000万円を借り入れた上、同日付けで本件甲不動産を代金8億3700万円で購入した。

　イ　被相続人は、平成21年12月21日付けで共同相続人らのうちの1名から4700万円を借り入れ、同月25日付けで信託銀行から3億7800万円を借り入れた上、同日付けで本件乙不動産を代金5億5000万円で購入した。

　ウ　被相続人及び上告人らは、上記ア及びイの本件各不動産の購入及びその購入資金の借入れ（以下、併せて「本件購入・借入れ」という。）を、被相続人及びその経営していた会社の事業承継の過程の一つと位置付けつつも、本件購入・借入れが近い将来発生することが予想される被相続

人からの相続において上告人らの相続税の負担を減じ又は免れさせるものであることを知り、かつ、これを期待して、あえて企画して実行したものである。

エ　本件購入・借入れがなかったとすれば、本件相続に係る相続税の課税価格の合計額は6億円を超えるものであった。

(5)　本件各更正処分及び本件各賦課決定処分の経緯は、次のとおりである。

ア　上告人らは、本件相続につき、評価通達の定める方法により、本件甲不動産の価額を合計2億0004万1474円、本件乙不動産の価額を合計1億3366万4767円と評価した上（以下、これらの価額を併せて「本件各通達評価額」という。）、平成25年3月11日、札幌南税務署長に対し、本件各通達評価額を記載した相続税の申告書を提出した。上記申告書においては、課税価格の合計額は2826万1000円とされ、基礎控除の結果、相続税の総額は0円とされていた。

イ　国税庁長官は、札幌国税局長からの上申を受け、平成28年3月10日付けで、同国税局長に対し、本件各不動産の価額につき、評価通達6により、評価通達の定める方法によらずに他の合理的な方法によって評価することとの指示をした。

ウ　札幌南税務署長は、上記指示により、平成28年4月27日付けで、上告人らに対し、不動産鑑定士が不動産鑑定評価基準により本件相続の開始時における本件各不動産の正常価格として算定した鑑定評価額に基づき、本件甲不動産の価額が合計7億5400万円、本件乙不動産の価額が合計5億1900万円（以下、これらの価額を併せて「本件各鑑定評価額」という。）であることを前提とする本件各更正処分（本件相続に係る課税価格の合計額を8億8874万9000円、相続税の総額を2億4049万8600円とするもの）及び本件各賦課決定処分をした。

3　原審は、上記事実関係等の下において、本件各不動産の価額については、

評価通達の定める方法により評価すると実質的な租税負担の公平を著しく害し不当な結果を招来すると認められるから、他の合理的な方法によって評価することが許されると判断した上で、本件各鑑定評価額は本件各不動産の客観的な交換価値としての時価であると認められるからこれを基礎とする本件各更正処分は適法であり、これを前提とする本件各賦課決定処分も適法であるとした。所論は、原審の上記判断には相続税法22条等の法令の解釈適用を誤った違法があるというものである。

4(1)　相続税法22条は、相続等により取得した財産の価額を当該財産の取得の時における時価によるとするが、ここにいう時価とは当該財産の客観的な交換価値をいうものと解される。そして、評価通達は、上記の意味における時価の評価方法を定めたものであるが、上級行政機関が下級行政機関の職務権限の行使を指揮するために発した通達にすぎず、これが国民に対し直接の法的効力を有するというべき根拠は見当たらない。そうすると、相続税の課税価格に算入される財産の価額は、当該財産の取得の時における客観的な交換価値としての時価を上回らない限り、同条に違反するものではなく、このことは、当該価額が評価通達の定める方法により評価した価額を上回るか否かによって左右されないというべきである。

　　　そうであるところ、本件各更正処分に係る課税価格に算入された本件各鑑定評価額は、本件各不動産の客観的な交換価値としての時価であると認められるというのであるから、これが本件各通達評価額を上回るからといって、相続税法22条に違反するものということはできない。

(2)ア　他方、租税法上の一般原則としての平等原則は、租税法の適用に関し、同様の状況にあるものは同様に取り扱われることを要求するものと解される。そして、評価通達は相続財産の価額の評価の一般的な方法を定めたものであり、課税庁がこれに従って画一的に評価を行っていることは公知の事実であるから、課税庁が、特定の者の相続財産の価額について

のみ評価通達の定める方法により評価した価額を上回る価額によるものとすることは、たとえ当該価額が客観的な交換価値としての時価を上回らないとしても、合理的な理由がない限り、上記の平等原則に違反するものとして違法というべきである。もっとも、上記に述べたところに照らせば、相続税の課税価格に算入される財産の価額について、評価通達の定める方法による画一的な評価を行うことが実質的な租税負担の公平に反するというべき事情がある場合には、合理的な理由があると認められるから、当該財産の価額を評価通達の定める方法により評価した価額を上回る価額によるものとすることが上記の平等原則に違反するものではないと解するのが相当である。

イ　これを本件各不動産についてみると、本件各通達評価額と本件各鑑定評価額との間には大きなかい離があるということができるものの、このことをもって上記事情があるということはできない。

　　もっとも、本件購入・借入れが行われなければ本件相続に係る課税価格の合計額は6億円を超えるものであったにもかかわらず、これが行われたことにより、本件各不動産の価額を評価通達の定める方法により評価すると、課税価格の合計額は2826万1000円にとどまり、基礎控除の結果、相続税の総額が0円になるというのであるから、上告人らの相続税の負担は著しく軽減されることになるというべきである。そして、被相続人及び上告人らは、本件購入・借入れが近い将来発生することが予想される被相続人からの相続において上告人らの相続税の負担を減じ又は免れさせるものであることを知り、かつ、これを期待して、あえて本件購入・借入れを企画して実行したというのであるから、租税負担の軽減をも意図してこれを行ったものといえる。そうすると、本件各不動産の価額について評価通達の定める方法による画一的な評価を行うことは、本件購入・借入れのような行為をせず、又はすることのできない他の納

税者と上告人らとの間に看過し難い不均衡を生じさせ、実質的な租税負担の公平に反するというべきであるから、上記事情があるものということができる。

　ウ　したがって、本件各不動産の価額を評価通達の定める方法により評価した価額を上回る価額によるものとすることが上記の平等原則に違反するということはできない。

5　以上によれば、本件各更正処分において、札幌南税務署長が本件相続に係る相続税の課税価格に算入される本件各不動産の価額を本件各鑑定評価額に基づき評価したことは、適法というべきである。所論の点に関する原審の判断は、以上の趣旨をいうものとして是認することができる。論旨は採用することができない。

　よって、裁判官全員一致の意見で、主文のとおり判決する。

各国税局長　殿

沖縄国税事務所長　殿

国税庁長官

## 居住用の区分所有財産の評価について（法令解釈通達）

　標題のことについては、昭和39年 4 月25日付直資56、直審（資）17「財産評価基本通達」（法令解釈通達）によるほか、下記のとおり定めたから、令和 6 年 1 月 1 日以後に相続、遺贈又は贈与により取得した財産の評価については、これにより取り扱われたい。

（趣旨）

　近年の区分所有財産の取引実態等を踏まえ、居住用の区分所有財産の評価方法を定めたものである。

記

（用語の意義）

1　この通達において、次に掲げる用語の意義は、それぞれ次に定めるところによる。

　⑴　評価基本通達　昭和39年 4 月25日付直資56、直審（資）17「財産評価基本通達」（法令解釈通達）をいう。

　⑵　自用地としての価額　評価基本通達25《貸宅地の評価》⑴に定める「自用地としての価額」をいい、評価基本通達11《評価の方式》から22－ 3 《大規模工場用地の路線価及び倍率》まで、24《私道の用に供されている宅地の評価》、24－ 2 《土地区画整理事業施行中の宅地の評価》及び24－ 6 《セットバックを必要とする宅地の評価》から24－ 8 《文化財建造物で

ある家屋の敷地の用に供されている宅地の評価》までの定めにより評価したその宅地の価額をいう。

(3)　自用家屋としての価額　評価基本通達89《家屋の評価》、89－2《文化財建造物である家屋の評価》又は92《附属設備等の評価》の定めにより評価したその家屋の価額をいう。

(4)　区分所有法　建物の区分所有等に関する法律（昭和37年法律第69号）をいう。

(5)　不動産登記法　不動産登記法（平成16年法律第123号）をいう。

(6)　不動産登記規則　不動産登記規則（平成17年法務省令第18号）をいう。

(7)　一棟の区分所有建物　区分所有者（区分所有法第2条《定義》第2項に規定する区分所有者をいう。以下同じ。）が存する家屋（地階を除く階数が2以下のもの及び居住の用に供する専有部分（同条第3項に規定する専有部分をいう。以下同じ。）一室の数が3以下であってその全てを当該区分所有者又はその親族の居住の用に供するものを除く。）で、居住の用に供する専有部分のあるものをいう。

(8)　一室の区分所有権等　一棟の区分所有建物に存する居住の用に供する専有部分一室に係る区分所有権（区分所有法第2条第1項に規定する区分所有権をいい、当該専有部分に係る同条第4項に規定する共用部分の共有持分を含む。以下同じ。）及び敷地利用権（同条第6項に規定する敷地利用権をいう。以下同じ。）をいう。

　　(注)　一室の区分所有権等には、評価基本通達第6章《動産》第2節《たな卸商品等》に定めるたな卸商品等に該当するものは含まない。

(9)　一室の区分所有権等に係る敷地利用権の面積　次に掲げる場合の区分に応じ、それぞれ次に定める面積をいう。

　　イ　一棟の区分所有建物に係る敷地利用権が、不動産登記法第44条《建物の表示に関する登記の登記事項》第1項第9号に規定する敷地権である

場合

　一室の区分所有権等が存する一棟の区分所有建物の敷地（区分所有法第2条第5項に規定する建物の敷地をいう。以下同じ。）の面積に、当該一室の区分所有権等に係る敷地権の割合を乗じた面積（小数点以下第3位を切り上げる。）

ロ　上記イ以外の場合

　一室の区分所有権等が存する一棟の区分所有建物の敷地の面積に、当該一室の区分所有権等に係る敷地の共有持分の割合を乗じた面積（小数点以下第3位を切り上げる。）

⑽　一室の区分所有権等に係る専有部分の面積　当該一室の区分所有権等に係る専有部分の不動産登記規則第115条《建物の床面積》に規定する建物の床面積をいう。

⑾　評価乖離率　次の算式により求めた値をいう。

（算式）

評価乖離率＝A＋B＋C＋D＋3.220

上記算式中の「A」、「B」、「C」及び「D」は、それぞれ次による。

「A」＝当該一棟の区分所有建物の築年数×△0.033

「B」＝当該一棟の区分所有建物の総階数指数×0.239（小数点以下第4位を切り捨てる。）

「C」＝当該一室の区分所有権等に係る専有部分の所在階×0.018

「D」＝当該一室の区分所有権等に係る敷地持分狭小度×△1.195（小数点以下第4位を切り上げる。）

(注)1　「築年数」は、当該一棟の区分所有建物の建築の時から課税時期までの期間とし、当該期間に1年未満の端数があるときは、その端数は1年とする。

　　2　「総階数指数」は、当該一棟の区分所有建物の総階数を33で除した値（小数点以下第4位を切り捨て、1を超える場合は1とする。）とする。

　　　　この場合において、総階数には地階を含まない。
　　3　当該一室の区分所有権等に係る専有部分が当該一棟の区分所有建物の
　　　複数階にまたがる場合には、階数が低い方の階を「当該一室の区分所有
　　　権等に係る専有部分の所在階」とする。
　　4　当該一室の区分所有権等に係る専有部分が地階である場合には、「当該
　　　一室の区分所有権等に係る専有部分の所在階」は、零階とし、Ｃの値は
　　　零とする。
　　5　「当該一室の区分所有権等に係る敷地持分狭小度」は、当該一室の区分
　　　所有権等に係る敷地利用権の面積を当該一室の区分所有権等に係る専有
　　　部分の面積で除した値（小数点以下第４位を切り上げる。）とする。

⑿　評価水準　１を評価乖離率で除した値とする。


## （一室の区分所有権等に係る敷地利用権の価額）

2　　次に掲げる場合のいずれかに該当するときの一室の区分所有権等に係る敷
　地利用権の価額は、「自用地としての価額」に、次の算式による区分所有補
　正率を乗じて計算した価額を当該「自用地としての価額」とみなして評価基
　本通達（評価基本通達25並びに同項により評価する場合における評価基本通
　達27（借地権の評価）及び27－2（定期借地権等の評価）を除く。）を適用
　して計算した価額によって評価する。ただし、評価乖離率が零又は負数のも
　のについては、評価しない。

　（算式）

⑴　評価水準が１を超える場合

　　区分所有補正率＝評価乖離率

⑵　評価水準が0.6未満の場合

　　区分所有補正率＝評価乖離率×0.6

　（注）1　区分所有者が次のいずれも単独で所有している場合には、「区分所有補
　　　　正率」は１を下限とする。
　　　　イ　一棟の区分所有建物に存する全ての専有部分
　　　　ロ　一棟の区分所有建物の敷地

2 　評価乖離率を求める算式及び上記(2)の値（0.6）については、適時見直しを行うものとする。

## （一室の区分所有権等に係る区分所有権の価額）

3 　一室の区分所有権等に係る区分所有権の価額は、「自用家屋としての価額」に、上記2に掲げる算式（（注）1を除く。）による区分所有補正率を乗じて計算した価額を当該「自用家屋としての価額」とみなして評価基本通達を適用して計算した価額によって評価する。ただし、評価乖離率が零又は負数のものについては、評価しない。

| 資産評価企画官情報<br>資産課税課情報 | 第 2 号<br>第16号 | 令和 5 年10月11日 | 国税庁課税部<br>資産評価企画官<br>資産課税課 |
|---|---|---|---|

## 「居住用の区分所有財産の評価について」（法令解釈通達）の趣旨について（情報）

　令和 5 年 9 月28日付課評 2 − 74ほか 1 課共同「居住用の区分所有財産の評価について」（法令解釈通達）により、居住用の区分所有財産の評価についての取扱いを定めたところであるが、その趣旨について別添のとおり取りまとめたので、参考のため送付する。

───── 省略用語 ─────

　この情報において使用した次の省略用語の意義は、それぞれ次に掲げるとおりである。

| | |
|---|---|
| ・相続税法（相法） | 相続税法（昭和25年法律第73号） |
| ・評価通達（評基通） | 昭和39年 4 月25日付直資56、直審（資）17「財産評価基本通達」（法令解釈通達） |
| ・区分所有法 | 建物の区分所有等に関する法律（昭和37年法律第69号） |
| ・建築基準法 | 建築基準法（昭和25年法律第201号） |
| ・民法 | 民法（明治29年法律第89号） |
| ・不動産登記法 | 不動産登記法（平成16年法律第123号） |
| ・不動産登記規則 | 不動産登記規則（平成17年法務省令第18号） |

（用語の意義）

1　この通達において、次に掲げる用語の意義は、それぞれ次に定めるところによる。

(1)　評価基本通達　昭和39年4月25日付直資56、直審（資）17「財産評価基本通達」（法令解釈通達）をいう。

(2)　自用地としての価額　評価基本通達25《貸宅地の評価》(1)に定める「自用地としての価額」をいい、評価基本通達11《評価の方式》から22−3《大規模工場用地の路線価及び倍率》まで、24《私道の用に供されている宅地の評価》、24−2《土地区画整理事業施行中の宅地の評価》及び24−6《セットバックを必要とする宅地の評価》から24−8《文化財建造物である家屋の敷地の用に供されている宅地の評価》までの定めにより評価したその宅地の価額をいう。

(3)　自用家屋としての価額　評価基本通達89《家屋の評価》、89−2《文化財建造物である家屋の評価》又は92《附属設備等の評価》の定めにより評価したその家屋の価額をいう。

(4)　区分所有法　建物の区分所有等に関する法律（昭和37年法律第69号）をいう。

(5)　不動産登記法　不動産登記法（平成16年法律第123号）をいう。

(6)　不動産登記規則　不動産登記規則（平成17年法務省令第18号）をいう。

(7)　一棟の区分所有建物　区分所有者（区分所有法第2条《定義》第2項に規定する区分所有者をいう。以下同じ。）が存する家屋（地階を除く階数が2以下のもの及び居住の用に供する専有部分（同条第3項に規定する専有部分をいう。以下同じ。）一室の数が3以下であってその全てを当該区分所有者又はその親族の居住の用に供するものを除く。）で、居住の用に供する専有部分のあるものをいう。

(8)　一室の区分所有権等　一棟の区分所有建物に存する居住の用に供する専有部分一室に係る区分所有権（区分所有法第2条第1項に規定する区分所有権をいい、当該専有部分に係る同条第4項に規定する共用部分の共有持分を含む。以下同じ。）及び敷地利用権（同条第6項に規定する敷地利用権をいう。以下同じ。）をいう。

（注）　一室の区分所有権等には、評価基本通達第6章《動産》第2節《たな卸商品等》に定めるたな卸商品等に該当するものは含まない。

⑼　一室の区分所有権等に係る敷地利用権の面積　次に掲げる場合の区分に応じ、それぞれ次に定める面積をいう。

　　イ　一棟の区分所有建物に係る敷地利用権が、不動産登記法第44条《建物の表示に関する登記の登記事項》第1項第9号に規定する敷地権である場合

　　　　一室の区分所有権等が存する一棟の区分所有建物の敷地（区分所有法第2条第5項に規定する建物の敷地をいう。以下同じ。）の面積に、当該一室の区分所有権等に係る敷地権の割合を乗じた面積（小数点以下第3位を切り上げる。）

　　ロ　上記イ以外の場合

　　　　一室の区分所有権等が存する一棟の区分所有建物の敷地の面積に、当該一室の区分所有権等に係る敷地の共有持分の割合を乗じた面積（小数点以下第3位を切り上げる。）

⑽　一室の区分所有権等に係る専有部分の面積　当該一室の区分所有権等に係る専有部分の不動産登記規則第115条《建物の床面積》に規定する建物の床面積をいう。

⑾　評価乖離率　次の算式により求めた値をいう。

（算式）

評価乖離率＝Ａ＋Ｂ＋Ｃ＋Ｄ＋3.220

上記算式中の「Ａ」、「Ｂ」、「Ｃ」及び「Ｄ」は、それぞれ次による。

「Ａ」＝当該一棟の区分所有建物の築年数×△0.033

「Ｂ」＝当該一棟の区分所有建物の総階数指数×0.239（小数点以下第4位を切り捨てる。）

「Ｃ」＝当該一室の区分所有権等に係る専有部分の所在階×0.018

「Ｄ」＝当該一室の区分所有権等に係る敷地持分狭小度×△1.195（小数点以下第4位を切り上げる。）

（注）1　「築年数」は、当該一棟の区分所有建物の建築の時から課税時期までの期間とし、当該期間に1年未満の端数があるときは、

その端数は1年とする。

2　「総階数指数」は、当該一棟の区分所有建物の総階数を33で除した値（小数点以下第4位を切り捨て、1を超える場合は1とする。）とする。この場合において、総階数には地階を含まない。

3　当該一室の区分所有権等に係る専有部分が当該一棟の区分所有建物の複数階にまたがる場合には、階数が低い方の階を「当該一室の区分所有権等に係る専有部分の所在階」とする。

4　当該一室の区分所有権等に係る専有部分が地階である場合には、「当該一室の区分所有権等に係る専有部分の所在階」は、零階とし、Cの値は零とする。

5　「当該一室の区分所有権等に係る敷地持分狭小度」は、当該一室の区分所有権等に係る敷地利用権の面積を当該一室の区分所有権等に係る専有部分の面積で除した値（小数点以下第4位を切り上げる。）とする。

⑿　評価水準　1を評価乖離率で除した値とする。

《説明》

1　基本的な考え方

　相続税又は贈与税は、原則として、相続若しくは遺贈により取得した全ての財産の価額の合計額をもって、又はその年中において贈与により取得した全ての財産の価額の合計額をもって課税価格を計算することとされており（相法11の2、21の2）、これらの財産の価額について、相続税法は、「この章で特別の定めのあるものを除くほか、相続、遺贈又は贈与により取得した財産の価額は、当該財産の取得の時における時価による」（時価主義）旨を規定している（相法22）。そして、この「時価」とは、「課税時期において、それぞれの財産の現況に応じ、不特定多数の当事者間で自由な取引が行われる場合に通常成立すると認められる価額」（客観的な交換価値）をいい、その価額は、「この通達（評価通達）の定めによって評価した価額による」こととしており（評基通1）、評価通達により内部的な取扱いを統一するとともに、これを公開することによ

170

り、課税の適正・公平を図るとともに、納税者の申告・納税の便にも供されている。

このように、評価の原則が時価主義をとり、客観的な交換価値を示す価額を求めようとしている以上、財産の評価は自由な取引が行われる市場で通常成立すると認められる売買実例価額によることが最も望ましいが、課税の対象となる財産は、必ずしも売買実例価額の把握が可能な財産に限られないことから、評価通達においては、実務上可能な方法で、しかもなるべく容易かつ的確に時価を算定するという観点から、財産の種類の異なるごとに、それぞれの財産の本質に応じた評価の方法を採用している。

不動産の評価においても、このような考え方に基づき、土地については、近傍の土地の売買実例価額や標準地についての公示価格、不動産鑑定士等による鑑定評価額及び精通者意見価格等を基として評価する「路線価方式」や「倍率方式」によって評価することとしている。他方、家屋については、再建築価格を基準として評価される「固定資産税評価額」に倍率を乗じて評価することとしている（固定資産税評価額に乗ずる倍率は評価通達別表１で「1.0」と定めている。）。家屋について、再建築価格を基準とする評価としているのは、売買実例価額は、個別的な事情による偏差があるほか、家屋の取引が一般的に宅地とともに行われている現状からして、そのうち家屋の部分を分離することが困難である等の事情を踏まえたものである。

しかしながら、居住用の区分所有財産（いわゆる分譲マンション）については、近年、不特定多数の当事者により市場において活発に売買が行われるとともに、従来に比して類似の分譲マンションの取引事例を多数把握することが容易になっている。また、相続税評価額と売買実例価額とが大きく乖離するケースもあり、平成30年中に取引された全国の分譲マンションの相続税評価額[注1]と売買実例価額[注2]との乖離について取引実態等を確認したところ、平均で2.34倍の乖離が把握され、かつ、約65％の事例で２倍以上乖離していることが把握された（以下、当該分譲マンションに係る取引実態等と一戸建て不動産の相続税評価額と売買実例価額との乖離に関する取引実態等を併せて、単に「取引実態等」

という。)。

(注1) 足元のマンション市場は、建築資材価格の高騰等による影響を排除しきれ
ない現状にあり、そうした現状において、コロナ禍等より前の時期として平
成30年分の譲渡所得の申告により把握された取引事例に基づいている。

(注2) ここでは、平成30年分の譲渡所得の申告により把握された取引事例に係る
分譲マンションの相続税評価額に相当する額をいう。具体的には、それぞれ
の分譲マンションに係る土地部分の固定資産税評価額に近傍の標準地の路線
価と固定資産税評価額との差に応ずる倍率及び敷地権の割合を乗じた額と家
屋部分の固定資産税評価額との合計額により計算している。

　　　　また、不動産の相続税評価額と市場価格とに大きな乖離がある事例について、
評価通達6《この通達の定めにより難い場合の評価》の適用が争われた最高
裁令和4年4月19日判決以降、当該乖離に対する批判の高まりや、取引の手
控えによる市場への影響を懸念する向きも見られたことから、課税の公平を
図りつつ、納税者の予見可能性を確保する観点からも、類似の取引事例が多
い分譲マンションについては、いわゆるタワーマンションなどの一部のもの
に限らず、広く一般的に評価方法を見直す必要性が認められた（注3）。

(注3) 令和5年度与党税制改正大綱（令和4年12月16日決定）において、「マンシ
ョンについては、市場での売買価格と通達に基づく相続税評価額とが大きく
乖離しているケースが見られる。現状を放置すれば、マンションの相続税評
価額が個別に判断されることもあり、納税者の予見可能性を確保する必要も
ある。このため、相続税におけるマンションの評価方法については、相続税
法の時価主義の下、市場価格との乖離の実態を踏まえ、適正化を検討する。」
とされた。


## 2　新たな評価方法の概要

　分譲マンションにおける相続税評価額と市場価格（売買実例価額）との乖離
の要因として、まず、家屋の相続税評価額は、再建築価格に基づく固定資産税
評価額により評価しているが、市場価格（売買実例価額）は、再建築価格に加
えて建物総階数及び分譲マンション一室の所在階も考慮されているほか、固定
資産税評価額への築年数の反映が大きすぎる（経年による減価が実態より大き
い）と、相続税評価額が市場価格（売買実例価額）に比べて低くなるケースが

あると考えられた。

　また、土地（敷地利用権）の相続税評価額は、土地（敷地）の面積を敷地権の割合（共有持分の割合）に応じてあん分した面積に、1㎡当たりの単価（路線価等）を乗じて評価しているが、当該面積は、一般的に高層マンションほどより細分化されて狭小となるため、当該面積が狭小なケースは、立地条件が良好な場所でも、その立地条件が敷地利用権の価額に反映されづらくなり、相続税評価額が市場価格（売買実例価額）に比べて低くなることが考えられた。

　そこで、相続税評価額が市場価格（売買実例価額）と乖離する要因と考えられた、①築年数、②総階数指数、③所在階及び④敷地持分狭小度の4つの指数を説明変数とし<sup>(注1)</sup>、相続税評価額と市場価格（売買実例価額）との乖離率を目的変数として、分譲マンションの取引実態等に係る取引事例について重回帰分析<sup>(注2)</sup>を行ったところ、決定係数：0.587（自由度調整済決定係数：0.586）となる有意な結果が得られた<sup>(注3)</sup>。

（注1）　各説明変数の意義等については、下記3⑸を参照。
（注2）　「重回帰分析」とは、2以上の要因（説明変数）が結果（目的変数）に与える影響度合いを分析する統計手法とされる。以下に示す算式の4つの指数に係る係数及び切片の値は、次の重回帰分析の結果求められたものである。

| 回帰統計 | |
|---|---|
| 決定係数 | 0.587 |
| 自由度調整済決定係数 | 0.586 |
| 観測数 | 2478 |

| | 係数 | t－値 | P－値 | 最小値 | 最大値 | 平均値 | 標準偏差 |
|---|---|---|---|---|---|---|---|
| 切片 | 3.220 | 65.60 | 0.001未満 | | | | |
| 築年数 | △0.033 | △34.11 | 0.001未満 | 1 | 57 | 19 | 11.36 |
| 総階数指数 | 0.239 | 3.50 | 0.001未満 | 0.061 | 1 | 0.406 | 0.256 |
| 所在階 | 0.018 | 8.53 | 0.001未満 | 1 | 51 | 8 | 7.37 |
| 敷地持分狭小度 | △1.195 | △18.55 | 0.001未満 | 0.01 | 0.99 | 0.4 | 0.192 |

| 相　関　係　数 | | | | | |
|---|---|---|---|---|---|
| | 乖離率 | 築年数 | 総階数指数 | 所在階 | 敷地持分狭小度 |
| 乖離率 | 1 | | | | |
| 築年数 | △0.635 | 1 | | | |
| 総階数指数 | 0.567 | △0.404 | 1 | | |
| 所在階 | 0.496 | △0.310 | 0.747 | 1 | |
| 敷地持分狭小度 | △0.523 | 0.240 | △0.578 | △0.417 | 1 |

（注3）「決定係数」とは、推定された回帰式の当てはまりの良さの度合いを示す指標とされる。

　この結果を踏まえ、次の理由から、以下に示す算式により求めた評価乖離率を基に相続税評価額を補正する方法を採用することとした。

①　分譲マンションは流通性・市場性が高く、類似する物件の売買実例価額を多数把握することが可能であり、かつ、価格形成要因が比較的明確であることからすれば、それら要因を指数化して売買実例価額に基づき統計的に予測した市場価格を考慮して相続税評価額を補正する方法が妥当であり、相続税評価額と市場価格との乖離を補正する方法として直截的であって、執行可能性も高いこと

②　相続税評価額と市場価格（売買実例価額）との乖離の要因としては、上記4つの指数のほかにもあり得るかもしれないが、申告納税制度の下で納税者の負担を考慮すると、これらの4つの指数は、納税者自身で容易に把握可能なものであることに加え、特に影響度の大きい要因であること

（算式）
　評価乖離率 ＝ A ＋ B ＋ C ＋ D ＋ 3.220
　上記算式中の「A」、「B」、「C」及び「D」は、それぞれ次による。
　「A」＝当該一棟の区分所有建物の築年数×△0.033

174

「Ｂ」＝当該一棟の区分所有建物の総階数指数×0.239（小数点以下第
　　　　4位を切り捨てる。）
「Ｃ」＝当該一室の区分所有権等に係る専有部分の所在階×0.018
「Ｄ」＝当該一室の区分所有権等に係る敷地持分狭小度×△1.195（小
　　　　数点以下第4位を切り上げる。）
　（（注）は省略）

　また、評価乖離率に基づく相続税評価額の補正に当たっては、次の理由か
ら、上記算式により算出された評価乖離率の逆数である評価水準が0.6未満
となる場合には、評価乖離率に0.6を乗じた値を区分所有補正率として、評
価水準が1を超える場合には、評価乖離率を区分所有補正率として、それぞ
れ相続税評価額に乗ずることで補正することとした。

①　上記1のとおり、相続税又は贈与税については、相続若しくは遺贈によ
　り取得又はその年中に贈与により取得した全ての財産の価額の合計額をも
　って課税価格を計算することとされているところ、相続税評価額と市場価
　格（売買実例価額）との乖離に関して、同じ不動産である分譲マンション
　と一戸建てとの選択におけるバイアスを排除する観点から、一戸建てにお
　ける乖離（取引実態等の結果は平均1.66倍）も考慮する必要がある。した
　がって、一戸建ての相続税評価額が市場価格（売買実例価額）の6割程度
　の評価水準となっていることを踏まえ、それを下回る評価水準の分譲マン
　ションが一戸建てと比べて著しく有利となると不公平感が生じかねないた
　め、分譲マンションにおいても少なくとも市場価格の6割水準となるよう
　にしてその均衡を図る必要があること

②　路線価等に基づく評価においても、土地の価額には相当の値幅があるこ
　とや、路線価等が1年間適用されるため、評価時点であるその年の1月1
　日以後の1年間の地価変動にも耐え得るものであることが必要であること
　等の評価上の安全性を配慮し、地価公示価格と同水準の価格の80％程度を
　目途に、路線価等を定めていること

なお、上記については、令和5年度与党税制改正大綱（令和4年12月16日決定）において、マンションの評価方法の適正化を検討する旨の記載（上記1（注3）参照）がされたことを受け、「マンションに係る財産評価基本通達に関する有識者会議」を令和5年1月から6月にかけて計3回開催し、分譲マンションの新たな評価方法等について有識者から意見を聴取しながら、その客観性及び妥当性について検討を行った。


## 3　用語の意義等

　本項は、本通達で使用する用語の意義を定めているが、その主な用語の意義等は、次のとおりである。


### (1)　一棟の区分所有建物

　「一棟の区分所有建物」とは、区分所有者（区分所有法第2条《定義》第2項に規定する区分所有者をいう。以下同じ。）が存する家屋（地階を除く階数が2以下のもの及び居住の用に供する専有部分（同条第3項に規定する専有部分をいう。以下同じ。）一室の数が3以下であってその全てを当該区分所有者又はその親族の居住の用に供するものを除く。）で、居住の用に供する専有部分のあるものをいうこととしており、当該「一棟の区分所有建物」には、「地階を除く階数が2以下のもの」(注1)及び「居住の用に供する専有部分一室の数が3以下であってその全てを当該区分所有者又はその親族の居住の用に供するもの」(注2、3、4)を含まないこととしている。

(注1)　「地階」とは、「地下階」をいい、登記簿上の「地下」の記載により判断される。

(注2)　「専有部分一室の数が3以下」とは、一棟の家屋に存する（居住の用に供する）専有部分の数が3以下の場合（例えば、3階建てで各階が区分所有されている場合など）をいい、一の専有部分に存する部屋そのものの数をいうのではないから留意する。

(注3)　「区分所有者又はその親族の居住の用に供するもの」とは、区分所有者が、当該区分所有者又はその親族（以下「区分所有者等」という。）の居住の用に

供する目的で所有しているものをいい、居住の用以外の用又は当該区分所有者等以外の者の利用を目的とすることが明らかな場合（これまで一度も区分所有者等の居住の用に供されていなかった場合（居住の用に供されていなかったことについて合理的な理由がある場合を除く。）など）を除き、これに該当するものとして差し支えない。

（注4）「親族」とは、民法第725条《親族の範囲》各号に掲げる者をいう。

　これは、上記2のとおり、本通達が分譲マンションの流通性・市場性の高さに鑑み、その価格形成要因に着目して、売買実例価額に基づく評価方法を採用したものであるから、その対象となる不動産はその流通性・市場性や価格形成要因の点で分譲マンションに類似するものに限定されるべきところ、同じ区分所有財産であっても低層の集合住宅や二世帯住宅は市場も異なり、売買実例に乏しいことから、対象外としているものである。

　また、事業用のテナント物件や一棟所有の賃貸マンションなどについても、その流通性・市場性や価格形成要因の点で居住用の物件とは大きく異なることから対象外とし、居住の用に供する区分所有財産を対象としたものである。したがって、当該「居住の用」（すなわち、本通達における「居住の用に供する専有部分」）とは、一室の専有部分について、構造上、主として居住の用途に供することができるものをいい、原則として、登記簿上の種類に「居宅」を含むものがこれに該当する。なお、構造上、主として居住の用途に供することができるものであれば、課税時期において、現に事務所として使用している場合であっても、「居住の用」に供するものに該当することとなる。

　また、本通達における「一棟の区分所有建物」とは、区分所有者が存する家屋をいい、当該区分所有者とは、区分所有法第1条《建物の区分所有》に規定する建物の部分を目的とする所有権（区分所有権）を有する者をいうこととしている。区分所有権は、一般に、不動産登記法第2条《定義》第22号に規定する区分建物の登記がされることによって外部にその意思が表示されて成立するとともに、その取引がなされることから、本通達における「一棟の区分所有建

物」とは、当該区分建物の登記がされたものをいうこととしている。したがって、区分建物の登記をすることが可能な家屋であっても、課税時期において区分建物の登記がされていないものは、本通達における「一棟の区分所有建物」には該当しない。

## (2) 一室の区分所有権等

「一室の区分所有権等」とは、一棟の区分所有建物に存する居住の用に供する専有部分一室に係る区分所有権（区分所有法第2条第1項に規定する区分所有権をいい、当該専有部分に係る同条第4項に規定する共用部分の共有持分を含む。以下同じ。）及び敷地利用権（同条第6項に規定する敷地利用権をいう。以下同じ。）をいう。

なお、この一室の区分所有権等のうち、たな卸商品等に該当するものについては、他の土地、家屋と同様に、不動産ではあるものの、その実質がまさにたな卸商品等であることに照らし、評価通達133《たな卸商品等の評価》により評価することを明らかにしている。

また、分譲マンションについては、区分所有法において「区分所有者は、その有する専有部分とその専有部分に係る敷地利用権とを分離して処分することができない」（区分所有法22①）と規定され、土地と家屋の価格は一体として値決めされて取引されており、それぞれの売買実例価額を正確に把握することは困難であるほか、上記2により算出された評価乖離率（又は区分所有補正率）は一体として値決めされた売買実例価額との乖離に基づくものであり、これを土地と家屋に合理的に分けることは困難である。

したがって、本通達においては、一室の区分所有権等に係る敷地利用権及び区分所有権のそれぞれの評価額に同一の補正率（区分所有補正率）を乗じて評価することとしており、また、貸家建付地又は貸家の評価や土地等にのみ適用される「小規模宅地等についての相続税の課税価格の計算の特例」（以下「小規模宅地等の特例」という。）などを踏まえ、それぞれ別々に評価額を算出することとしている。

（参考）　不動産の鑑定評価においては、複合不動産価格（建物及びその敷地（区分所有建物及びその敷地）の価格）の土地と建物の内訳価格の算定に当たっては、複合不動産における積算価格割合に基づいて建物に帰属する額を配分する方法（割合法）が用いられることがある。他方、相続税評価額は、上記１のとおり、土地については、近傍の土地の売買実例価額や標準地についての公示価格、不動産鑑定士等による鑑定評価額及び精通者意見価格等を基として評価するもので、基本的には取引事例比較法が適用されていると考えることができるほか、家屋については、再建築価格を基準として評価される固定資産税評価額を基として評価するもので、基本的には原価法が適用されていると考えることができ、不動産の鑑定評価で用いられる積算価格と基本的な考え方は同じである。

　　本通達は、本通達適用前の分譲マンションの評価額（敷地利用権と区分所有権の評価額の合計額）に、売買実例価額を基とした補正率（区分所有補正率）を乗ずることで、分譲マンションの時価を指向するものである一方で、敷地利用権と区分所有権の評価額それぞれに同一の補正率（区分所有補正率）を乗じているのであるが、これは、不動産の鑑定評価における複合不動産の割合法による内訳価格の算定と同様に、本通達適用前の評価額の比（すなわち、積算価格の比）で本通達適用後の分譲マンションの価額をあん分するものであるともいえる。したがって、本通達では、敷地利用権の価額と区分所有権の価額をそれぞれ算出しているのであるが、時価としての妥当性を有するものであると考えられる。

## ⑶　一室の区分所有権等に係る敷地利用権の面積

　「一室の区分所有権等に係る敷地利用権の面積」とは、一棟の区分所有建物に係る敷地利用権が、不動産登記法第44条《建物の表示に関する登記の登記事項》第１項第９号に規定する敷地権（以下「敷地権」という。）である場合は、その一室の区分所有権等が存する一棟の区分所有建物の敷地の面積に、当該一室の区分所有権等に係る敷地権の割合を乗じた面積とすることとしている。

なお、この一室の区分所有権等が存する一棟の区分所有建物の敷地の面積は、原則として、利用の単位となっている１区画の宅地の地積によることとなる。<sup>(注1)</sup>

(注１)　ただし、例えば、分譲マンションに係る登記簿上の敷地の面積のうちに、私道の用に供されている宅地（評基通24）があった場合、評価上、当該私道の用に供されている宅地は別の評価単位となるが、当該私道の用に供されている宅地の面積については、居住用の区分所有財産について、上記２のとおり、上記２に掲げる算式により求めた評価乖離率に基づき評価することとした理由の一つが、申告納税制度の下で納税者の負担を考慮したものであるから、同様の趣旨により、納税者自身で容易に把握可能な登記簿上の敷地の面積によることとしても差し支えない。他方で、例えば、分譲マンションの敷地とは離れた場所にある規約敷地については、「一室の区分所有権等に係る敷地利用権の面積」には含まれない。

　また、上記の場合以外の場合は、一室の区分所有権等が存する一棟の区分所有建物の敷地の面積に、当該一室の区分所有権等に係る敷地の共有持分の割合を乗じた面積として計算することとなる。<sup>(注2)</sup>

(注２)　一室の区分所有権等に係る敷地利用権が賃借権又は地上権である場合は、当該賃借権又は地上権の準共有持分の割合を乗ずる。

⑷　一室の区分所有権等に係る専有部分の面積

　「一室の区分所有権等に係る専有部分の面積」とは、一室の区分所有権等に係る専有部分の不動産登記規則第115条《建物の床面積》に規定する建物の床面積をいう。当該建物の床面積は、「区分建物にあっては、壁その他の区画の内側線」で囲まれた部分の水平投影面積（いわゆる内法面積）によることとされており、登記簿上表示される床面積によることとなる。

　したがって、共用部分の床面積は含まれないことから、固定資産税の課税における床面積とは異なることに留意する。

⑸　**評価乖離率**

評価乖離率を求める算式は、上記２のとおりであるが、主な算式中の指数については、次のとおりである。

イ　築年数

「築年数」は、一棟の区分所有建物の建築の時から課税時期までの期間とし、当該期間に１年未満の端数があるときは、その端数は１年とする。

ロ　総階数指数

「総階数指数」は、一棟の区分所有建物の総階数を33で除した値（小数点以下第４位を切り捨て、１を超える場合は１とする。）<sup>（注）</sup>とし、この場合において、総階数には地階を含まないこととする。この「地階」については、上記⑴の地階と同義である。

（注）　建物総階数については、高さが概ね100ｍ（１階を３ｍとした場合、約33階）を超える建築物には、緊急離着陸場等の設置指導等がなされることがあるが、それを超えて高くなることによる追加的な規制は一般的にはないほか、評価乖離率に与える影響が一定の階数で頭打ちになると仮定して分析を行ったところ、良好な結果が得られたことから「総階数÷33（１を超える場合は１とする。）」を総階数指数としている。

ハ　所在階

「所在階」は、一室の区分所有権等に係る専有部分の所在階のことであり、当該専有部分が一棟の区分所有建物の複数階にまたがる場合（いわゆるメゾネットタイプの場合）には、階数が低い方の階を所在階とし、当該専有部分が地階である場合は、零階とする。

なお、一室の区分所有権等に係る専有部分が、１階と地階にまたがる場合についても、階数が低い方の階（地階）を所在階とするから、算式中の「Ｃ」は零となることに留意する。

ニ　敷地持分狭小度

「敷地持分狭小度」は、一室の区分所有権等に係る敷地利用権の面積（上記⑶）を当該一室の区分所有権等に係る専有部分の面積（上記⑷）で除した

値（小数点以下第4位を切り上げる。）をいう。


（参考）

## ○ 建物の区分所有等に関する法律（抄）

（建物の区分所有）

第一条　一棟の建物に構造上区分された数個の部分で独立して住居、店舗、事務所又は倉庫その他建物としての用途に供することができるものがあるときは、その各部分は、この法律の定めるところにより、それぞれ所有権の目的とすることができる。

（定義）

第二条　この法律において「区分所有権」とは、前条に規定する建物の部分（第四条第二項の規定により共用部分とされたものを除く。）を目的とする所有権をいう。

2　この法律において「区分所有者」とは、区分所有権を有する者をいう。

3　この法律において「専有部分」とは、区分所有権の目的たる建物の部分をいう。

4　この法律において「共用部分」とは、専有部分以外の建物の部分、専有部分に属しない建物の附属物及び第四条第二項の規定により共用部分とされた附属の建物をいう。

5　この法律において「建物の敷地」とは、建物が所在する土地及び第五条第一項の規定により建物の敷地とされた土地をいう。

6　この法律において「敷地利用権」とは、専有部分を所有するための建物の敷地に関する権利をいう。

（規約による建物の敷地）

第五条　区分所有者が建物及び建物が所在する土地と一体として管理又は使用をする庭、通路その他の土地は、規約により建物の敷地とすることができる。

2　建物が所在する土地が建物の一部の滅失により建物が所在する土地以外の土地となつたときは、その土地は、前項の規定により規約で建物の敷地と定

められたものとみなす。建物が所在する土地の一部が分割により建物が所在する土地以外の土地となつたときも、同様とする。

（分離処分の禁止）

第二十二条　敷地利用権が数人で有する所有権その他の権利である場合には、区分所有者は、その有する専有部分とその専有部分に係る敷地利用権とを分離して処分することができない。ただし、規約に別段の定めがあるときは、この限りでない。

2　前項本文の場合において、区分所有者が数個の専有部分を所有するときは、各専有部分に係る敷地利用権の割合は、第十四条第一項から第三項までに定める割合による。ただし、規約でこの割合と異なる割合が定められているときは、その割合による。

3　前二項の規定は、建物の専有部分の全部を所有する者の敷地利用権が単独で有する所有権その他の権利である場合に準用する。


○　不動産登記法（抄）

（定義）

第二条　この法律において、次の各号に掲げる用語の意義は、それぞれ当該各号に定めるところによる。

　一～二十一　省略

　二十二　区分建物　一棟の建物の構造上区分された部分で独立して住居、店舗、事務所又は倉庫その他建物としての用途に供することができるものであって、建物の区分所有等に関する法律（昭和三十七年法律第六十九号。以下「区分所有法」という。）第二条第三項に規定する専有部分であるもの（区分所有法第四条第二項の規定により共用部分とされたものを含む。）をいう。

　二十三・二十四　省略

（建物の表示に関する登記の登記事項）

第四十四条　建物の表示に関する登記の登記事項は、第二十七条各号に掲げる

もののほか、次のとおりとする。

一　建物の所在する市、区、郡、町、村、字及び土地の地番（区分建物である建物にあっては、当該建物が属する一棟の建物の所在する市、区、郡、町、村、字及び土地の地番）

二　家屋番号

三　建物の種類、構造及び床面積

四　建物の名称があるときは、その名称

五　附属建物があるときは、その所在する市、区、郡、町、村、字及び土地の地番（区分建物である附属建物にあっては、当該附属建物が属する一棟の建物の所在する市、区、郡、町、村、字及び土地の地番）並びに種類、構造及び床面積

六　建物が共用部分又は団地共用部分であるときは、その旨

七　建物又は附属建物が区分建物であるときは、当該建物又は附属建物が属する一棟の建物の構造及び床面積

八　建物又は附属建物が区分建物である場合であって、当該建物又は附属建物が属する一棟の建物の名称があるときは、その名称

九　建物又は附属建物が区分建物である場合において、当該区分建物について区分所有法第二条第六項に規定する敷地利用権（登記されたものに限る。）であって、区分所有法第二十二条第一項本文（同条第三項において準用する場合を含む。）の規定により区分所有者の有する専有部分と分離して処分することができないもの（以下「敷地権」という。）があるときは、その敷地権

2　前項第三号、第五号及び第七号の建物の種類、構造及び床面積に関し必要な事項は、法務省令で定める。


○　不動産登記規則（抄）

（建物の種類）

第百十三条　建物の種類は、建物の主な用途により、居宅、店舗、寄宿舎、共

184

同住宅、事務所、旅館、料理店、工場、倉庫、車庫、発電所及び変電所に区分して定め、これらの区分に該当しない建物については、これに準じて定めるものとする。

2　建物の主な用途が二以上の場合には、当該二以上の用途により建物の種類を定めるものとする。

（建物の床面積）

第百十五条　建物の床面積は、各階ごとに壁その他の区画の中心線（区分建物にあっては、壁その他の区画の内側線）で囲まれた部分の水平投影面積により、平方メートルを単位として定め、一平方メートルの百分の一未満の端数は、切り捨てるものとする。


○　民法（抄）

（親族の範囲）

第七百二十五条　次に掲げる者は、親族とする。

　一　六親等内の血族

　二　配偶者

　三　三親等内の姻族


---

（一室の区分所有権等に係る敷地利用権の価額）

2　次に掲げる場合のいずれかに該当するときの一室の区分所有権等に係る敷地利用権の価額は、「自用地としての価額」に、次の算式による区分所有補正率を乗じて計算した価額を当該「自用地としての価額」とみなして評価基本通達（評価基本通達25並びに同項により評価する場合における評価基本通達27《借地権の評価》及び27－2《定期借地権等の評価》を除く。）を適用して計算した価額によって評価する。ただし、評価乖離率が零又は負数のものについては、評価しない。

（算式）

　(1)　評価水準が1を超える場合

区分所有補正率＝評価乖離率
(2)　評価水準が0.6未満の場合
区分所有補正率＝評価乖離率×0.6
(注) 1　区分所有者が次のいずれも単独で所有している場合には、「区分所有補正率」は1を下限とする。
イ　一棟の区分所有建物に存する全ての専有部分
ロ　一棟の区分所有建物の敷地
2　評価乖離率を求める算式及び上記(2)の値（0.6）については、適時見直しを行うものとする。

《説明》

前項の《説明》3(2)のとおり、本通達においては、一室の区分所有権等に係る敷地利用権及び区分所有権のそれぞれの評価額に同一の補正率（区分所有補正率）を乗じて評価することとしつつ、本項及び次項において、貸家建付地又は貸家の評価や小規模宅地等の特例などを踏まえ、それぞれ別々に評価額を算出することとしている。

本項では、そのうち、一室の区分所有権等に係る敷地利用権の価額の評価方法について定めており、当該敷地利用権の価額は、評価通達25《貸宅地の評価》(1)に定める「自用地としての価額」に、次の区分の場合に応じて、次の区分所有補正率を乗じた価額を当該「自用地としての価額」とみなして評価通達を適用して計算した価額によって評価することを明らかにしている。

(1)　評価水準が1を超える場合
区分所有補正率＝評価乖離率
(2)　評価水準が0.6未満の場合
区分所有補正率＝評価乖離率×0.6

そのため、例えば、貸家建付地に該当する一室の区分所有権等に係る敷地利用権の評価をするに当たっては、当該みなされた「自用地としての価額」を基

186

に、評価通達26《貸家建付地の評価》を適用して評価することとなる。他方で、例えば、借地権付分譲マンションの貸宅地（底地）の評価においては、その借地権の目的となっている土地の上に存する家屋が分譲マンションであってもなくても、土地所有者から見ればその利用の制約の程度は変わらないと考えられることから、評価通達25並びに同項により評価する場合における評価通達27《借地権の評価》及び27－2《定期借地権等の評価》における「自用地としての価額」については、本通達の適用がないことを明らかにしている。

　なお、本通達及び評価通達の定める評価方法によって評価することが著しく不適当と認められる場合には、評価通達6が適用されることから、その結果として、本通達を適用した価額よりも高い価額により評価することもある一方で、マンションの市場価格の大幅な下落その他本通達の定める評価方法に反映されない事情が存することにより、本通達の定める評価方法によって評価することが適当でないと認められる場合には、個別に課税時期における時価を鑑定評価その他合理的な方法により算定し、一室の区分所有権等に係る敷地利用権の価額とすることができる。この点は、他の財産の評価におけるこれまでの扱いと違いはない。

　また、本通達では、前項の《説明》2のとおり、予測した市場価格の6割水準までの補正をすることとしているから、1を評価乖離率で除した値（評価乖離率の逆数）である評価水準を基に、上記の区分により評価することとしている。すなわち、評価水準が0.6未満の場合は、自用地としての価額に評価乖離率に0.6を乗じた値を区分所有補正率として乗ずることとし、評価水準が0.6以上1以下の場合は、補正を行わず、評価水準が1を超える場合は、自用地としての価額に評価乖離率を区分所有補正率として乗ずることとなる。したがって、この評価水準が1を超える場合とは、補正前の評価額（自用地としての価額）が予測した市場価格を超える場合のことであり、この場合の区分所有補正率は1未満となるから、評価額（自用地としての価額）を減額させる計算となる。

　おって、前項の評価乖離率を求める算式において、理論的には、評価乖離率が零や負数になることが考えられるが、仮にこのような場合には、一室の区分

所有権等に係る敷地利用権の価額を評価しないこととして取り扱う。ただし、このようなケースはほとんどないものと考えられるが、仮にこのようなケースにおいても、評価通達6の適用が否定される訳ではないことに留意する。

さらに、区分所有者が、「一棟の区分所有建物に存する全ての専有部分」及び「一棟の区分所有建物の敷地」（全ての専有部分に係る敷地利用権）のいずれも単独で所有している場合についても、区分建物の登記がされた一棟の区分所有建物であることから、当該一棟の区分所有建物の各戸（各専有部分一室）について本通達に基づく評価をする必要がある。ただし、この場合における当該区分所有者が所有する敷地（敷地利用権）については、区分所有財産ではあるものの、一の宅地を所有している場合と同等の経済的価値を有すると考えられる面もあることから、本項の（注）1において、その敷地（敷地利用権）の評価に当たっては、区分所有補正率は「1」を下限（評価乖離率が零又は負数の場合も区分所有補正率は「1」）として、自用地としての価額に乗ずることとしている。

ところで、前項の評価乖離率を求める算式及び評価水準に係る0.6の値については、本通達が、売買実例価額に基づき統計的に予測した市場価格を考慮して評価額を補正するものである以上、将来のマンションの市場の変化を踏まえたものとする必要があるから、本項の（注）2において、適時見直しを行うことを留意的に明らかにしている。

この見直しは、3年に1度行われる固定資産税評価の見直し時期に併せて行うことが合理的であり、改めて実際の取引事例についての相続税評価額と売買実例価額との乖離状況等を踏まえ、その要否を含めて行うこととなる。

なお、取引相場のない株式を評価通達185《純資産価額》により評価する場合においても、本通達が適用されることに留意する。

---

（一室の区分所有権等に係る区分所有権の価額）
3　一室の区分所有権等に係る区分所有権の価額は、「自用家屋としての

価額」に、上記2に掲げる算式（（注）1を除く。）による区分所有補正率を乗じて計算した価額を当該「自用家屋としての価額」とみなして評価基本通達を適用して計算した価額によって評価する。ただし、評価乖離率が零又は負数のものについては、評価しない。

## 《説明》

　前項と同様に、一室の区分所有権等に係る区分所有権の価額は、評価通達89《家屋の評価》、89－2《文化財建造物である家屋の評価》又は92《附属設備等の評価》の定めにより評価したその家屋の価額（自用家屋としての価額）に、前項の区分所有補正率を乗じて計算した価額を「自用家屋としての価額」とみなして評価することとしている。そのため、前項と同様に、例えば、貸家に該当する一室の区分所有権等に係る区分所有権の評価をするに当たっては、当該みなされた「自用家屋としての価額」を基に、評価通達93《貸家の評価》を適用して評価することとなる。

　なお、本通達及び評価通達の定める評価方法によって評価することが著しく不適当と認められる場合に、評価通達6が適用される点については、前項と同様である。

　また、前項と異なり、本項の一室の区分所有権等に係る区分所有権の価額については、区分所有者が、「一棟の区分所有建物に存する全ての専有部分」及び「一棟の区分所有建物の敷地」のいずれも単独で所有している場合であっても、区分所有補正率は「1」を下限としないことに留意する。

　おって、本通達1の評価乖離率を求める算式において、理論的には、評価乖離率が零や負数になることが考えられるが、仮にこのような場合には、一室の区分所有権等に係る区分所有権の価額を評価しないこととして取り扱う。ただし、このようなケースはほとんどないものと考えられるが、仮にこのようなケースにおいても、評価通達6の適用が否定される訳ではないことに留意する。

別添

# 居住用の区分所有財産の評価に関する
# Ｑ＆Ａ

## 令 和 6 年 5 月
## 国税庁資産評価企画官

---

省略用語

　このＱ＆Ａにおいて使用した次の省略用語の意義は、それぞれ次に掲げるとおりである。

| | |
|---|---|
| 本通達 | 令和5年9月28日付課評2－74ほか1課共同「居住用の区分所有財産の評価について」（法令解釈通達） |
| 評価基本通達 | 昭和39年4月25日付直資56、直審（資）17「財産評価基本通達」（法令解釈通達） |
| 区分所有法 | 建物の区分所有等に関する法律（昭和37年法律第69号） |
| 区分所有者 | 区分所有法第2条((定義))第2項に規定する区分所有者 |
| 専有部分 | 区分所有法第2条第3項に規定する専有部分 |
| 区分所有権 | 区分所有法第2条第1項に規定する区分所有権（専有部分に係る同条第4項に規定する共用部分の共有持分を含む。） |
| 敷地利用権 | 区分所有法第2条第6項に規定する敷地利用権 |
| 自用地としての価額 | 評価基本通達25((貸宅地の評価))(1)に定める「自用地としての価額」をいい、評価基本通達11((評価の方式))から22－3((大規模工場用地の路線価及び倍率))まで、24((私道の用に供されている宅地の評価))、24－2((土地区画整理事業施行中の宅地の評価))及び24－6((セットバックを必要とする宅地の評価))から24－8((文化財建造物である家屋の敷地の用に供されている宅地の評価))までの定めにより評価したその宅地の価額 |
| 自用家屋としての価額 | 評価基本通達89((家屋の評価))、89－2((文化財建造物である家屋の評価))又は92((附属設備等の評価))の定めにより評価したその家屋の価額 |

　※　このＱ＆Ａは、令和6年5月1日現在の法令、通達に基づいて作成しています。

問1　新しい居住用の区分所有財産（いわゆる分譲マンション）の評価方法の概要について教えてください。

（答）

　本通達において、区分所有者が存する家屋（一定のもの（問4参照）を除きます。）で、居住の用に供する専有部分のあるもの（以下「一棟の区分所有建物」といいます。）に存する居住の用に供する専有部分一室に係る区分所有権及び敷地利用権（以下「一室の区分所有権等」（居住用の区分所有財産）といいます。）については、その一室の区分所有権等に係る敷地利用権（土地部分）の「自用地としての価額」及び区分所有権（家屋部分）の「自用家屋としての価額」のそれぞれに「区分所有補正率」（問2参照）を乗じて計算した価額を、その「自用地としての価額」及びその「自用家屋としての価額」とみなして評価基本通達を適用して計算した価額によって評価することとしています。

　したがって、本通達適用後の「一室の区分所有権等に係る敷地利用権」の「自用地としての価額」又は「一室の区分所有権等に係る区分所有権」の「自用家屋としての価額」は、次の算式のとおり計算することとなります。

　ただし、評価水準（問2参照）が0.6以上1以下の場合は、区分所有補正率を乗じて計算せず、評価することに注意してください。

（算式）
　①　一室の区分所有権等に係る敷地利用権の「自用地としての価額」
　　　本通達適用前の自用地としての価額（路線価方式又は倍率方式）×　区分所有補正率
　②　一室の区分所有権等に係る区分所有権の「自用家屋としての価額」
　　　本通達適用前の自用家屋としての価額（固定資産税評価額×1.0）×　区分所有補正率

（注1）　自用の場合は、上記の算式により計算した自用地としての価額及び自用家屋としての価額の合計額が、一室の区分所有権等の相続税評価額となります。なお、貸付用（貸家建付地及び貸家）の場合は、問7を参照してください。
（注2）　本通達は、令和6年1月1日以後に相続、遺贈又は贈与（以下「相続等」といいます。）により取得した財産の評価について適用されるところ、相続等により取得した財産が取引相場のない株式の場合であっても、その株式を令和6年1月1日以後に取得した場合は、その取引相場のない株式の評価を純資産価額方式によって評価する場合における1株当たりの純資産価額（相続税評価額によって計算した金額）の計算上、評価会社が所有する一室の区分所有権等に係る敷地利用権及び区分所有権については、本通達が適用されます。

　　　　　ただし、取引相場のない株式を純資産価額方式によって評価する場合における1株当たりの純資産価額（相続税評価額によって計算した金額）の計算において、評価会社が課税時期前3年以内に取得等した一室の区分所有権等に係る敷地利用権及び区分所有権の価額については、評価基本通達185（（純資産価額））括弧書により、「課税時期における通常の取引価額に相当する金額」によって評価されます。

○ 居住用の区分所有財産の評価方法のフローチャート（概要）

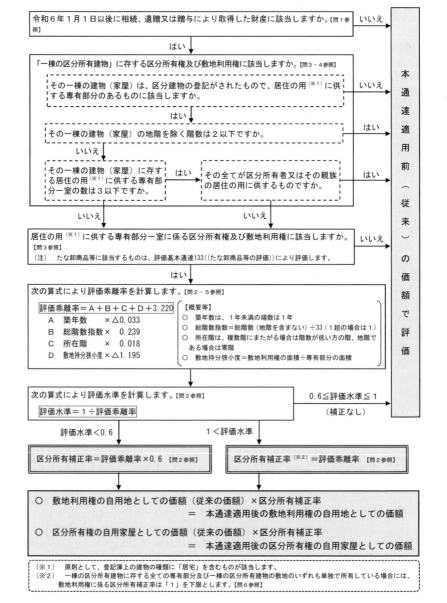

令和6年1月1日以後に相続、遺贈又は贈与により取得した財産に該当しますか。【問1参照】　→いいえ

はい↓

「一棟の区分所有建物」に存する区分所有権及び敷地利用権に該当しますか。【問3・4参照】

その一棟の建物（家屋）は、区分建物の登記がされたもので、居住の用（※1）に供する専有部分のあるものに該当しますか。　→いいえ

はい↓

その一棟の建物（家屋）の地階を除く階数は2以下ですか。　→はい

いいえ↓

その一棟の建物（家屋）に存する居住の用（※1）に供する専有部分一室の数は3以下ですか。　→はい　その全てが区分所有者又はその親族の居住の用に供するものですか。　→はい

いいえ↓　　　　　　　　　　　　　　　　　　いいえ↓

居住の用（※1）に供する専有部分一室に係る区分所有権及び敷地利用権に該当しますか。【問3参照】　→いいえ
（注）　たな卸商品等に該当するものは、評価基本通達133（（たな卸商品等の評価））により評価します。

はい↓

次の算式により評価乖離率を計算します。【問2・5参照】

評価乖離率＝Ａ＋Ｂ＋Ｃ＋Ｄ＋3.220
　Ａ　築年数　　　×△0.033
　Ｂ　総階数指数×　0.239
　Ｃ　所在階　　　×　0.018
　Ｄ　敷地持分狭小度×△1.195

【概要等】
○　築年数は、1年未満の端数は1年
○　総階数指数＝総階数（地階を含まない）÷33（1超の場合は1）
○　所在階は、複数階にまたがる場合は階数が低い方の階、地階である場合は零階
○　敷地持分狭小度＝敷地利用権の面積÷専有部分の面積

次の算式により評価水準を計算します。【問2参照】

評価水準＝1÷評価乖離率　　　　0.6≦評価水準≦1（補正なし）

評価水準＜0.6　　　　1＜評価水準

区分所有補正率＝評価乖離率×0.6【問2参照】　　　区分所有補正率（※2）＝評価乖離率【問2参照】

○　敷地利用権の自用地としての価額（従来の価額）×区分所有補正率
　　　　　＝　本通達適用後の敷地利用権の自用地としての価額

○　区分所有権の自用家屋としての価額（従来の価額）×区分所有補正率
　　　　　＝　本通達適用後の区分所有権の自用家屋としての価額

（右側縦書き）本通達適用前（従来）の価額で評価

（※1）　原則として、登記簿上の建物の種類に「居宅」を含むものが該当します。
（※2）　一棟の区分所有建物に存する全ての専有部分及び一棟の区分所有建物の敷地のいずれも単独で所有している場合には、敷地利用権に係る区分所有補正率は「1」を下限とします。【問6参照】

192

---

**問2　「区分所有補正率」の計算方法について教えてください。**

---

（答）

　「区分所有補正率」は、「評価乖離率」、「評価水準」、「区分所有補正率」の順に、以下のとおり計算します。

### 1　評価乖離率

　「評価乖離率」は、次の算式により計算します。

（算式）

　評価乖離率　＝　A　＋　B　＋　C　＋　D　＋　3.220

　「A」　＝　一棟の区分所有建物の築年数　×　△0.033

　「B」　＝　一棟の区分所有建物の総階数指数　×　0.239（小数点以下第4位切捨て）

　「C」　＝　一室の区分所有権等に係る専有部分の所在階　×　0.018

　「D」　＝　一室の区分所有権等に係る敷地持分狭小度　×　△1.195（小数点以下第4位切上げ）

　　（注）　上記各指数（築年数等）の意義等については、問5を参照してください。

### 2　評価水準

　「評価水準」は、次の算式（評価乖離率の逆数）により計算します。

（算式）

　評価水準　＝　1　÷　評価乖離率

### 3　区分所有補正率

　「区分所有補正率」は、評価水準の区分に応じて、次のとおりとなります。

| 区　分 | 区分所有補正率 |
|---|---|
| 評価水準＜0.6 | 評価乖離率　×　0.6 |
| 0.6≦評価水準≦1 | 補正なし |
| 1＜評価水準 | 評価乖離率 |

（注1）　評価乖離率が零又は負数の場合には、一室の区分所有権等に係る敷地利用権及び区分所有権の価額は評価しない（評価額を零とする。）こととしています（（注2）の場合を除きます。）。

（注2）　区分所有者が「一棟の区分所有建物に存する全ての専有部分」及び「一棟の区分所有建物の敷地」（全ての専有部分に係る敷地利用権）のいずれも単独で所有している場合には、一室の区分所有権等に係る「敷地利用権」の価額の評価における区分所有補正率は「1」を下限とします（問6参照）。

**問3　新しい居住用の区分所有財産の評価方法が適用される不動産について教えてください。**

（答）

　本通達が適用される「一室の区分所有権等」とは、一棟の区分所有建物に存する居住の用に供する専有部分一室に係る区分所有権及び敷地利用権をいい、この「一棟の区分所有建物」とは、区分所有者が存する家屋（一定のもの（問４参照）を除きます。）で、居住の用に供する専有部分のあるものをいいます。そして、この「区分所有者」とは、区分所有法第１条（（建物の区分所有））に規定する建物の部分を目的とする所有権（区分所有権）を有する者をいうこととしているところ、この区分所有権は、一般に、不動産登記法（平成16年法律第123号）第２条（（定義））第22号に規定する区分建物の登記がされることによって外部にその意思が表示されて成立するとともに、その取引がなされることを踏まえ、「一棟の区分所有建物」は、同号に規定する区分建物の登記がされたものに限られることとしています。したがって、区分建物の登記をすることが可能な家屋であっても、課税時期において区分建物の登記がされていないもの（例えば、一棟所有の賃貸マンションなど）は、本通達の適用対象とはなりません。

　また、「居住の用に供する専有部分」における「居住の用」とは、一室の専有部分について(注)、構造上、主として居住の用途に供することができるものをいい、原則として、登記簿上の建物の種類に「居宅」を含むものがこれに該当します。したがって、例えば、事業用のテナント物件などは、本通達の適用対象とはなりません。

　なお、構造上、主として居住の用途に供することができるものであれば、課税時期において、現に事務所として使用している場合であっても、「居住の用」に供するものに該当することとなります。

　さらに、評価基本通達第６章（（動産））第２節（（たな卸商品等））に定めるたな卸商品等に該当するものも、本通達の適用対象とはならず、評価基本通達133（（たな卸商品等の評価））により評価することとなります。

　（注）　一棟の区分所有建物のうちの一部について、例えば、登記簿上の建物の種類が「共同住宅」とされているものがありますが、これは一般に、その一部が数個に独立して区画され、数世帯がそれぞれ独立して生活できる構造のものであるため、登記簿上の建物の種類に「居宅」を含むものと異なり、その流通性・市場性や価格形成要因の点で一棟所有の賃貸マンションに類似するものと考えられます。したがって、原則として、登記簿上の建物の種類が「共同住宅」とされているものについては、本通達の「居住の用に供する『専有部分一室』」に該当しないものとして差し支えありません。

194

> 問4　「一棟の区分所有建物」から除かれる「地階を除く階数が2以下のもの」等について教えてください。

**（答）**

　本通達では、「一棟の区分所有建物」から、①地階を除く階数が2以下のもの及び②居住の用に供する専有部分一室（問3参照）の数が3以下であってその全てを区分所有者又はその親族<sup>（注）</sup>（以下「区分所有者等」といいます。）の居住の用に供するものを除くこととしており、これらのものは、本通達の適用対象とはなりません。

　（注）　「親族」とは、民法（明治29年法律第89号）第725条（（親族の範囲））各号に掲げる者（次に掲げる者）をいいます。

　　　・　六親等内の血族

　　　・　配偶者

　　　・　三親等内の姻族

**1　地階を除く階数が2以下のもの**

　「地階を除く階数が2以下のもの」とは、地階<sup>（注）</sup>を除く2階建て以下の区分所有建物のことであり、2階建て以下の低層マンションなどが該当します。

　（注）　「地階」とは、「地下階」をいい、登記簿上の「地下」の記載により判断されます。

**2　居住の用に供する専有部分一室の数が3以下であってその全てを区分所有者等の居住の用に供するもの**

　「居住の用に供する専有部分一室の数が3以下」とは、例えば、3階建ての区分所有建物について各階が1戸（室）ごと区分所有されている場合に、その各階が居住の用に供する専有部分であったときには、これに該当します。また、例えば、5階建ての区分所有建物について各階が1戸（室）ごと区分所有され、そのうち4階と5階のみが居住の用に供する専有部分で、それ以外は事業用のテナント物件であった場合も、居住の用に供する専有部分一室の数は3以下となりますので、これに該当します。

　そして、「その全てを区分所有者又はその親族の居住の用に供するもの」とは、具体的には、区分所有者が、その区分所有者等の居住の用に供する目的で所有しているものをいい、居住の用以外の用又はその区分所有者等以外の者の利用を目的とすることが明らかな場合（これまで一度も区分所有者等の居住の用に供されていなかった場合（居住の用に供されていなかったことについて合理的な理由がある場合を除きます。）など）を除き、これに該当するものとして差し支えないこととしています。

　これは、本通達の適用対象となる不動産は、その流通性・市場性や価格形成要因の点で分譲マンションに類似するものに限定されるべきところ、これと異なるものとしていわゆる二世帯

住宅を除く趣旨ですから、評価対象となる不動産がこの二世帯住宅に該当するものであるかどうかは、課税時期において、区分所有建物に存する居住の用に供する専有部分一室の全て（の戸（室））を被相続人（若しくは贈与者）又はその親族がそれらの者の居住の用に供する目的で所有していたかどうかで判断することが相当です。

　したがって、例えば、被相続人が被相続人及びその子の居住の用に供する目的で、一室の区分所有権等を２戸（室）所有し、それぞれ居住の用に供していたものの、その子は仕事のため、一時的に居住の用に供することができず、課税時期において貸付けの用に供しているような場合には、その２戸（室）全ての専有部分が「区分所有者又はその親族の居住の用に供するもの」に該当するものとして差し支えありません。

【「居住の用に供する専有部分一室の数が３以下であってその全てを区分所有者又はその親族の居住の用に供するもの」の例（甲（被相続人）所有の一室の区分所有権等を評価する場合）】

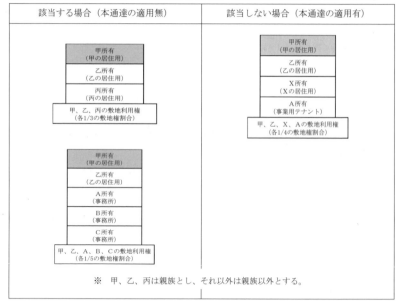

---

問5　評価乖離率を求める算式における各指数（築年数等）について教えてください。

---

（答）

　評価乖離率を求める算式（問２参照）における各指数（築年数等）の意義等については、以下のとおりです。

## 1　築年数（Ａ）

　「築年数」は、一棟の区分所有建物の建築の時から課税時期までの期間とし、その期間に１年未満の端数があるときは、その端数は１年とします。

　（例）
- ・　建築（新築）の時：令和２年10月５日
- ・　課税時期　　　　：令和６年２月２日
- ・　築年数　　　　　：　4年

## 2　総階数指数（Ｂ）

　「総階数指数」は、一棟の区分所有建物の総階数を33で除した値（小数点以下第４位を切り捨て、１を超える場合は１とします。）となり、この総階数には地階（注）を含みません。

　（注）　「地階」とは、「地下階」をいい、登記簿上の「地下」の記載により判断されます。以下３において同じです。

　（例１）
- ・　総階数　　　：40階
- ・　総階数指数：　1　（40÷33＝1.212（小数点以下第４位切捨て）＞１）

　（例２）
- ・　総階数　　　：25階
- ・　総階数指数：　0.757　（25÷33＝0.757（小数点以下第４位切捨て）＜１）

## 3　所在階（Ｃ）

　「所在階」は、一室の区分所有権等に係る専有部分が所在する階をいいます。

　なお、その専有部分が一棟の区分所有建物の複数階にまたがる場合（いわゆるメゾネットタイプの場合）には、階数が低い方の階を所在階とします。

　また、その専有部分が地階である場合は零階としますので、評価乖離率を求める算式におけるＣの値は零となります。

## 4 敷地持分狭小度（D）

「敷地持分狭小度」は、次の算式により計算します。

――（算式）――――――――――――――――――――――――――――――――

$$敷地持分狭小度 \atop (小数点以下第4位切上げ) = {一室の区分所有権等に \atop 係る敷地利用権の面積} \div {一室の区分所有権等に \atop 係る専有部分の面積^{(注)}}$$

――――――――――――――――――――――――――――――――――――――

　このうち、「一室の区分所有権等に係る敷地利用権の面積」は、次に掲げる場合の区分に応じて、それぞれ次に掲げる算式により計算した面積となります。

（注）　「一室の区分所有権等に係る専有部分の面積」は、一室の区分所有権等に係る専有部分の不動産登記規則（平成17年法務省令第18号）第115条（建物の床面積））に規定する建物の床面積をいい、登記簿上表示される床面積によります。したがって、共用部分の床面積は含まれないことから、固定資産税の課税における床面積とは異なることに注意してください。

### ⑴　一棟の区分所有建物に係る敷地利用権が敷地権である場合

――（算式）――――――――――――――――――――――――――――――――

$${一室の区分所有権等に \atop 係る敷地利用権の面積 \atop (小数点以下第3位切上げ)} = {一棟の区分所有建物 \atop の敷地の面積^{(注1)}} \times 敷地権の割合$$

――――――――――――――――――――――――――――――――――――――

### ⑵　上記⑴以外の場合

――（算式）――――――――――――――――――――――――――――――――

$${一室の区分所有権等に \atop 係る敷地利用権の面積 \atop (小数点以下第3位切上げ)} = {一棟の区分所有建物 \atop の敷地の面積^{(注1)}} \times 敷地の共有持分の割合^{(注2、3)}$$

――――――――――――――――――――――――――――――――――――――

（注1）　一棟の区分所有建物の敷地の面積は、原則として、利用の単位となっている1区画の宅地（評価単位）の地積によることとなります。ただし、例えば、分譲マンションに係る登記簿上の敷地の面積のうちに、私道の用に供されている宅地（歩道上空地などを含みます。）があった場合でも、その宅地の面積を含んだ登記簿上の敷地の面積によることとしても差し支えありません。他方で、例えば、分譲マンションの敷地とは離れた場所にある規約敷地については、この一棟の区分所有建物の敷地の面積には含まれません。

（注2）　一室の区分所有権等に係る敷地利用権が賃借権又は地上権である場合は、その賃借権又は地上権の準共有持分の割合を乗じます。

（注3）　一棟の区分所有建物に係る敷地利用権が敷地権である場合以外の場合において、区分所有者がその一棟の区分所有建物に存する複数戸（室）の専有部分をそれぞれ

　　所有しているときにおける敷地の共有持分の割合は、土地の登記簿上、その複数戸（室）の専有部分全てに対応する敷地の共有持分の合計の割合が表示されますが、一室の区分所有権等に係る敷地利用権の面積の計算に当たっては、専有部分一室に対応する敷地の共有持分の割合（それぞれの専有部分に対応する敷地の共有持分の割合）を乗ずることとなります（問11参照）。

　　他方で、例えば、一棟の区分所有建物に存する一戸（室）の専有部分を夫婦が共有している場合におけるその敷地の共有持分の割合は、土地の登記簿上、その一室の専有部分に対応する敷地の共有持分の割合に夫（又は妻）の専有部分の共有持分の割合を乗じた割合が表示されますが、一室の区分所有権等に係る敷地利用権の面積の計算に当たっては、その専有部分一室に対応する敷地の共有持分の割合（夫婦の敷地の共有持分の合計の割合）を乗ずることとなります（問12参照）。

（例：一棟の区分所有建物に係る敷地利用権が敷地権である場合）
・　敷地の面積　　：2,000㎡
・　敷地権の割合：10,562分の62
・　敷地利用権の面積：11.75㎡（2,000㎡×62／10,562＝11.75㎡（小数点以下第3位切上げ））
・　専有部分の面積：58.45㎡
・　敷地持分狭小度：0.202（11.75㎡÷58.45㎡＝0.202（小数点以下第4位切上げ））

問6 一棟の区分所有建物に存する各戸（室）の全てを所有している場合の評価方法について教えてください。

（答）

　一棟の区分所有建物に存する各戸（室）の全てを所有している場合、すなわち、区分所有者が「一棟の区分所有建物に存する全ての専有部分」及び「一棟の区分所有建物の敷地」（全ての専有部分に係る敷地利用権）のいずれも単独で所有している場合であっても、区分建物の登記がされた一棟の区分所有建物ですので、その一棟の区分所有建物に存する一室の区分所有権等に係る敷地利用権及び区分所有権については、そのそれぞれについて、本通達を適用して評価する必要があります。

　ただし、この場合における一室の区分所有権等に係る敷地利用権（土地部分）については、区分所有財産ではあるものの、一の宅地を所有している場合と同等の経済的価値を有すると考えられる面もあることから、その敷地利用権の評価に当たっては、区分所有補正率は「1」を下限（評価乖離率が零又は負数の場合も区分所有補正率は「1」）として、自用地としての価額に乗ずることとなります(注)。

（注）　一室の区分所有権等に係る区分所有権（家屋部分）は、区分所有補正率の下限を「1」とすることはありません。

200

> 問7　居住用の区分所有財産を貸し付けている場合における「貸家建付地」及び「貸家」の評価
> 　　方法について教えてください。

（答）

　一室の区分所有権等に係る専有部分を貸し付けている場合における当該一室の区分所有権等に係る敷地利用権及び区分所有権の価額については、次のとおり評価します。

## 1　貸家建付地の評価

　一室の区分所有権等に係る敷地利用権の「自用地としての価額」に「区分所有補正率」を乗じて、みなされた「自用地としての価額」を計算した後、その価額を基に評価基本通達26（（貸家建付地の評価））を適用して、その敷地利用権の価額を評価します。

　（例）

| （1㎡当たりの価額） | | （地積） | | （敷地全体の自用地としての価額） |
|---|---|---|---|---|
| 300,000円 | × | 2,000㎡ | ＝ | 600,000,000円 |

| （敷地全体の自用地としての価額） | | （敷地権の割合） | | （自用地としての価額） |
|---|---|---|---|---|
| 600,000,000円 | × | 60／8,000 | ＝ | 4,500,000円 |

| （自用地としての価額） | | （区分所有補正率） | | （みなされた自用地としての価額） |
|---|---|---|---|---|
| 4,500,000円 | × | 1.6278 | ＝ | 7,325,100円 |

　（みなされた自用地としての価額）　　　　（借地権割合）（借家権割合）（賃貸割合）　　　（評価額）

　　7,325,100円　－　7,325,100円　×　0.6　×　0.3　×　100％　＝　6,006,582円

## 2　貸家の評価

　一室の区分所有権等に係る区分所有権の「自用家屋としての価額」に「区分所有補正率」を乗じて、みなされた「自用家屋としての価額」を計算した後、その価額を基に評価基本通達93（（貸家の評価））を適用して、その区分所有権の価額を評価します。

　（例）

| （固定資産税評価額） | | （倍率） | | （自用家屋としての価額） |
|---|---|---|---|---|
| 5,000,000円 | × | 1.0 | ＝ | 5,000,000円 |

| （自用家屋としての価額） | | （区分所有補正率） | | （みなされた自用家屋としての価額） |
|---|---|---|---|---|
| 5,000,000円 | × | 1.6278 | ＝ | 8,139,000円 |

　（みなされた自用家屋としての価額）　　　（借家権割合）（賃貸割合）　　（評価額）

　　8,139,000円　－　8,139,000円　×　0.3　×　100％　＝　5,697,300円

問8　一棟の区分所有建物に係る敷地利用権が借地権である場合の底地（貸宅地）の評価方法について教えてください。

（答）

　一棟の区分所有建物に係る敷地利用権が借地権である場合の底地（貸宅地）の価額の評価については、本通達の適用はありませんので、原則として、本通達の適用前と変わらず、（本通達の適用がない）自用地としての価額から（本通達の適用がない）自用地としての価額に借地権割合を乗じて計算した金額（借地権の価額）を控除して計算します（評価基本通達25）。

　他方で、一室の区分所有権等に係る敷地利用権が借地権である場合のその敷地利用権（借地権）の価額の評価については、本通達を適用して計算した（みなされた）自用地としての価額に借地権割合を乗じて計算します（評価基本通達27）。

202

> **問9　本通達の適用がある場合に、評価基本通達6項の適用はありますか。**

（答）

　評価基本通達6（（この通達の定めにより難い場合の評価））は、評価基本通達の定めによって評価することが著しく不適当と認められる場合には、個々の財産の態様に応じた適正な時価評価が行えるよう定めており、これは、本通達を適用した場合であっても同様に適用があるため、一室の区分所有権等に係る敷地利用権及び区分所有権の価額について、評価基本通達6の定めにより、本通達を適用した価額よりも高い価額により評価することもあります。

　また、これまでも、地価の大幅な下落その他路線価等に反映されない事情が存することにより路線価等を基として評価基本通達の定めによって評価することが適当でないと認められる場合には、個別に課税時期における地価を鑑定評価その他の合理的な方法により算定することがあり、これと同様に、マンションの市場価格の大幅な下落その他本通達の定める評価方法に反映されない事情が存することにより、一室の区分所有権等に係る敷地利用権及び区分所有権の価額について、本通達及び評価基本通達の定める評価方法によって評価することが適当でないと認められる場合にも、個別に課税時期における時価を鑑定評価その他合理的な方法により算定することができます。

問10　具体的な評価方法について教えてください。

　　　【具体例1：敷地利用権が敷地権である場合（登記簿上、敷地権の表示がある場合）】

（答）

【具体例】

　建物の種類：居宅

　築年数：10年

　総階数：38階

　所在階：8階

　専有部分の面積：63.52㎡

　敷地の面積：2,500.60㎡

　敷地権の割合：1,930,000分の6,600

1　一室の区分所有権等に係る敷地利用権の評価

(1)　居住用の区分所有財産の評価に係る区分所有補正率の計算明細書

| 区分所有補正率の計算 | A | ① 築年数（注1）<br><br>　　　　10　　年 | | | ①×△0.033<br><br>△ 0.330 | 一日以降用 |
|---|---|---|---|---|---|---|
| | B | ② 総階数（注2）<br><br>　　38　　階 | ③ 総階数指数（②÷33）<br>（小数点以下第4位切捨て、1を超える場合は1）<br><br>1.000 | | ③×0.239<br>（小数点以下第4位切捨て）<br><br>0.239 | |
| | C | ④ 所在階（注3）<br><br>　　8　　階 | | | ④×0.018<br><br>0.144 | |
| | D | ⑤ 専有部分の面積<br><br>63.52　㎡ | ⑥ 敷地の面積<br><br>2,500.60　㎡ | ⑦ 敷地権の割合（共有持分の割合）<br><br>6,600<br>1,930,000 | ⑨×△1.195<br>（小数点以下第4位切上げ）<br><br>△ 0.162 | |
| | | ⑧ 敷地利用権の面積（⑤×⑦）<br>（小数点以下第3位切上げ）<br><br>8.56　㎡ | ⑨ 敷地持分狭小度（⑧÷⑤）<br>（小数点以下第4位切上げ）<br><br>0.135 | | | |
| | | ⑩　評価乖離率（A＋B＋C＋D＋3.220）<br><br>3.111 | | | | |
| | | ⑪　評価水準（1÷⑩）<br><br>0.3214400514 | | | | |
| | | ⑫　区分所有補正率（注4・5）<br><br>1.8666 | | | | |

(2)　土地及び土地の上に存する権利の評価明細書（第1表）

| | | 円 × （ 1 − 0. 　　 ） | | | | |
|---|---|---|---|---|---|---|
| | | 10 私　道<br>（AからKまでのうち該当するもの）<br>　　　円 × 0.3 | | | （1㎡当たりの価額）　円 | L |
| 自用地の評価額 | 評価額 | 自用地1平方メートル当たりの価額<br>（AからLまでのうちの該当記号）<br>（ F ）　1,300,000　円 | 地　積<br><br>2,500.60　㎡ | 総　額<br>（自用地1㎡当たりの価額）×（地　積）<br>3,250,780,000　円 | | M |

204

⑶　土地及び土地の上に存する権利の評価明細書（第2表）

| 用地等の価額 | ○ ゴルフ場用地等 |  |  | | | | Q |
|---|---|---|---|---|---|---|---|
| | （宅地とした場合の価額）（地積） | | （1㎡当たりの造成費） | | （地積） | | |
| | （ 　　　円 × 　　　㎡×0.6） － （ 　　　円× 　　　㎡） | | | | | | |

| 区分所有財産に係る | 敷地利用権の評価額 | （自用地の評価額） | （敷地利用権（敷地権）の割合） |  | （ 自 用 地 の 評 価 額 ）円 | R |
|---|---|---|---|---|---|---|
| | | 3.250.780.000 円 × | $\dfrac{6.600}{1.930.000}$ | | 11.116.656 | |
| | 居住用の区分所有財産の区分 | （自用地の評価額） | （区分所有補正率） |  | （ 自 用 地 の 評 価 額 ）円 | S |
| | | 11.116.656 円 × | 1. 8666 | | 20.750.350 | |

| | 利用区分 | 算　　　　　式 | 総　　額 | 記号 |
|---|---|---|---|---|
| | 貸宅 | （自用地の評価額）　　　　　（借地権割合） | 円 | T |

## 2　一室の区分所有権等に係る区分所有権の評価

（固定資産税評価額）　　　　　　（倍率）　　　　　（自用家屋としての価額）

10,300,000円　　　×　　　1.0　　　＝　　　10,300,000円

（自用家屋としての価額）　　（区分所有補正率）　　　　（評価額）

10,300,000円　　　×　　　1.8666　　　＝　　　19,225,980円

問11　具体的な評価方法について教えてください。

　　　【具体例２：敷地利用権が敷地権でない場合（登記簿上、敷地権の表示がない場合）①】

（答）

【具体例】

建物の種類：居宅

築年数：25年

総階数：5階

所在階：2階

専有部分の面積：82.55㎡

敷地の面積：480.35㎡

敷地の共有持分の割合：1/20（※）

　（土地の登記簿上の共有持分の割合：1/10）

※　この例では、区分所有者が、一棟の区分所有建物のうち２階の専有部分一室のほか、５階にも専有部分一室を所有しており、土地の登記簿上、それらの専有部分全てに対応する敷地の共有持分の割合が1/10と表示されているが、各専有部分に対応する敷地の共有持分の割合はそれぞれ1/20である。

　なお、この例では、２階の専有部分一室の区分所有権等に係る敷地利用権及び区分所有権の価額のみを評価する。

1　一室の区分所有権等に係る敷地利用権の評価

(1)　居住用の区分所有財産の評価に係る区分所有補正率の計算明細書

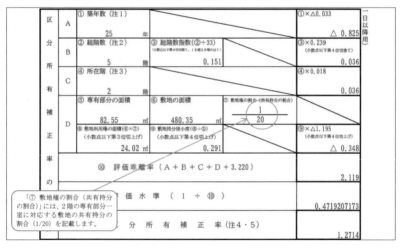

(2)　土地及び土地の上に存する権利の評価明細書（第1表）

| | | | | |
|---|---|---|---|---|
| | 10　私　　　　道　　　　　円　×　（　　1　－　0.　　　） | | （1 ㎡当たりの価額）　円 | L |
| | （AからKまでのうち該当するもの）　　　　円　×　0.3 | | | |
| 自用地の評価額 | 自用地1平方メートル当たりの価額　　地　　積　　　　総　　　　　額 （AからLまでのうちの該当記号）　　　　　　　　　　　（自用地1 ㎡当たりの価額）×（地　積） | | | M |
| | （　F　）　　　　円　　　　　　　　　　㎡　　　　　　　　　　　　　　円 **200.000**　　**480.35**　　　　　　**96.070.000** | | | |

(3)　土地及び土地の上に存する権利の評価明細書（第2表）

| | | | | |
|---|---|---|---|---|
| 用地等価額 | ○　ゴルフ場用地等 （宅地とした場合の価額）（地積）　　　　（1 ㎡当たり の造成費）　（地積） （　　　　円　×　　　㎡×0.6）　－（　　　円×　　㎡） | | | Q |
| 区分所有財産に係る敷地利用権の評価額 | （自用地の評価額）　　（敷地利用権（敷地権）の割合） **96.070.000**　円　×　1 ／ 20 | （自用地の評価額）　　　円 **4.803.500** | | R |
| | （自用地の評価額）　　（区分所有補正率） **4.803.500**　円　×　**1．2714** | 居住用の区分所有財産 | （自用地の評価額）　　　円 **6.107.169** | S |
| | 利用区分　　　　　　算　　　　　　　式　　　　　　　総　　　　額　　記号 | | | |
| | 貸宅地　　（自用地の評価額）　　　（借地権割合）　　　　　　　　　円 | | | T |

## 2　一室の区分所有権等に係る区分所有権の評価

（固定資産税評価額）　　　　　（倍率）　　　　　（自用家屋としての価額）

4,800,000円　　　×　　　1.0　　　＝　　　4,800,000円

（自用家屋としての価額）　　（区分所有補正率）　　　　　（評価額）

4,800,000円　　　×　　　1.2714　　　＝　　　6,102,720円

問12　具体的な評価方法について教えてください。

【具体例３：敷地利用権が敷地権でない場合（登記簿上、敷地権の表示がない場合）②】

（答）

【具体例】

建物の種類：居宅

築年数：40年

総階数：５階

所在階：１階

専有部分の面積：82.55㎡

敷地の面積：480.35㎡

敷地の共有持分の割合：1/20（※）

（土地の登記簿上の共有持分の割合：3/80）

※　この例では、夫婦が一棟の区分所有建物のうち１階の専有部分一室を夫3/4・妻1/4の割合で共有しており、土地の登記簿上、夫の敷地の共有持分の割合として、その専有部分一室に対応する敷地の共有持分の割合1/20に、夫の専有部分の共有持分の割合3/4を乗じた割合である3/80が表示されている。

なお、この例では、夫の共有持分のみを評価する。

## １　一室の区分所有権等に係る敷地利用権の評価

### (1)　居住用の区分所有財産の評価に係る区分所有補正率の計算明細書

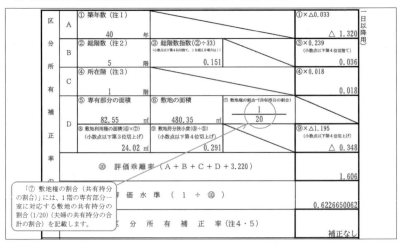

### (2)　土地及び土地の上に存する権利の評価明細書（第１表）

| | | | 円 × （ 1 － 0. ） | | | （1㎡当たりの価額） 円 | L |
|---|---|---|---|---|---|---|---|
| | 10 私　道 （AからKまでのうち該当するもの） | | 円 × 0.3 | | | | |
| 自用地の評価額 | 評価額 | 自用地1平方メートル当たりの価額 （AからLまでのうちの該当記号） （ F ）　　　　　　円 200,000 | 地　積 480.35 ㎡ | 総　　　　　額 （自用地1㎡当たりの価額）×（地　積） 96,070,000 円 | | | M |

208

(3)　土地及び土地の上に存する権利の評価明細書（第2表）

| | | | | | | | |
|---|---|---|---|---|---|---|---|
| 用地等の価額 | ○ ゴルフ場用地等<br>（宅地とした場合の価額）（地積）<br>（　　　円　×　　　㎡×0.6）　－（ | （1㎡当たり<br>の造成費）<br>　　　円×（地積）㎡） | | | | | Q |
| 区分所有財産に係る敷地利用権の評価額 | （自用地の評価額）<br>**96,070,000** 円 × | （敷地利用権（敷地権）の割合）<br>$\dfrac{1}{20}$ | | | （自用地の評価額）<br>**4,803,500** 円 | R |
| | 居住用の区分所有財産の場合 | （自用地の評価額）<br>円 × | （区分所有補正率）<br>． | | | （自用地の評価額）<br>円 | S |
| | 利用区分 | 算 | 式 | 総 | 額 | 記号 |
| | 貸宅地 | （自用地の評価額）<br> | （借地権割合）<br> | | 円 | T |

(4)　夫の共有持分の計算

　　　4,803,500円　　　×　　3/4　　＝　　3,602,625円

2　一室の区分所有権等に係る区分所有権の評価

　　　（固定資産税評価額）　　　（倍率）　　　（自用家屋としての価額）

　　　4,800,000円　　×　　1.0　　＝　　4,800,000円

○　夫の共有持分の計算

　　　4,800,000円　　　×　　3/4　　＝　　3,600,000円

## 財産評価基本通達（抜粋）

### 第2節　宅地及び宅地の上に存する権利

10　削除（平11課評2－12外）

（評価の方式）

11　宅地の評価は、原則として、次に掲げる区分に従い、それぞれ次に掲げる方式によって行う。

　⑴　市街地的形態を形成する地域にある宅地　路線価方式

　⑵　⑴以外の宅地　倍率方式

12　削除（平3課評2－4外）

（路線価方式）

13　路線価方式とは、その宅地の面する路線に付された路線価を基とし、15《奥行価格補正》から20－7《容積率の異なる2以上の地域にわたる宅地の評価》までの定めにより計算した金額によって評価する方式をいう。

（路線価）

14　前項の「路線価」は、宅地の価額がおおむね同一と認められる一連の宅地が面している路線（不特定多数の者の通行の用に供されている道路をいう。以下同じ。）ごとに設定する。

　　路線価は、路線に接する宅地で次に掲げるすべての事項に該当するものについて、売買実例価額、公示価格（地価公示法（昭和44年法律第49号）第6条《標準地の価格等の公示》の規定により公示された標準地の価格をいう。以下同じ。）、不動産鑑定士等による鑑定評価額（不動産鑑定士又は不動産鑑定士補が国税局長の委嘱により鑑定評価した価額をいう。以下同じ。）、精通者意見価格等を基として国税局長がその路線ごとに評定した1平方メートル当たりの価額とする。

　⑴　その路線のほぼ中央部にあること。

(2)　その一連の宅地に共通している地勢にあること。

(3)　その路線だけに接していること。

(4)　その路線に面している宅地の標準的な間口距離及び奥行距離を有するく形又は正方形のものであること。

(注)　(4)の「標準的な間口距離及び奥行距離」には、それぞれ付表1「奥行価格補正率表」に定める補正率（以下「奥行価格補正率」という。）及び付表6「間口狭小補正率表」に定める補正率（以下「間口狭小補正率」という。）がいずれも1.00であり、かつ、付表7「奥行長大補正率表」に定める補正率（以下「奥行長大補正率」という。）の適用を要しないものが該当する。

(地区)

14－2　路線価方式により評価する地域（以下「路線価地域」という。）については、宅地の利用状況がおおむね同一と認められる一定の地域ごとに、国税局長が次に掲げる地区を定めるものとする。

(1)　ビル街地区

(2)　高度商業地区

(3)　繁華街地区

(4)　普通商業・併用住宅地区

(5)　普通住宅地区

(6)　中小工場地区

(7)　大工場地区

(特定路線価)

14－3　路線価地域内において、相続税、贈与税又は地価税の課税上、路線価の設定されていない道路のみに接している宅地を評価する必要がある場合には、当該道路を路線とみなして当該宅地を評価するための路線価（以下「特定路線価」という。）を納税義務者からの申出等に基づき設定することができる。

特定路線価は、その特定路線価を設定しようとする道路に接続する路線及び当該道路の付近の路線に設定されている路線価を基に、当該道路の状況、前項に定める地区の別等を考慮して税務署長が評定した1平方メートル当たりの価額とする。

**（奥行価格補正）**

15　一方のみが路線に接する宅地の価額は、路線価にその宅地の奥行距離に応じて奥行価格補正率を乗じて求めた価額にその宅地の地積を乗じて計算した価額によって評価する。

**（側方路線影響加算）**

16　正面と側方に路線がある宅地（以下「角地」という。）の価額は、次の(1)及び(2)に掲げる価額の合計額にその宅地の地積を乗じて計算した価額によって評価する。

　(1)　正面路線（原則として、前項の定めにより計算した1平方メートル当たりの価額の高い方の路線をいう。以下同じ。）の路線価に基づき計算した価額

　(2)　側方路線（正面路線以外の路線をいう。）の路線価を正面路線の路線価とみなし、その路線価に基づき計算した価額に付表2「側方路線影響加算率表」に定める加算率を乗じて計算した価額

**（二方路線影響加算）**

17　正面と裏面に路線がある宅地の価額は、次の(1)及び(2)に掲げる価額の合計額にその宅地の地積を乗じて計算した価額によって評価する。

　(1)　正面路線の路線価に基づき計算した価額

　(2)　裏面路線（正面路線以外の路線をいう。）の路線価を正面路線の路線価とみなし、その路線価に基づき計算した価額に付表3「二方路線影響加算率表」に定める加算率を乗じて計算した価額

（三方又は四方路線影響加算）

18　三方又は四方に路線がある宅地の価額は、16《側方路線影響加算》及び前項に定める方法を併用して計算したその宅地の価額にその宅地の地積を乗じて計算した価額によって評価する。

19　削除（平3課評2－4外）

（不整形地の評価）

20　不整形地（三角地を含む。以下同じ。）の価額は、次の(1)から(4)までのいずれかの方法により15《奥行価格補正》から18《三方又は四方路線影響加算》までの定めによって計算した価額に、その不整形の程度、位置及び地積の大小に応じ、付表4「地積区分表」に掲げる地区区分及び地積区分に応じた付表5「不整形地補正率表」に定める補正率（以下「不整形地補正率」という。）を乗じて計算した価額により評価する。

(1)　次図のように不整形地を区分して求めた整形地を基として計算する方法

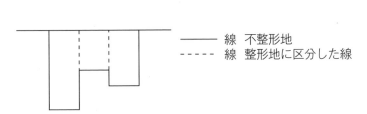

（`——` 線　不整形地
`-----` 線　整形地に区分した線）

(2)　次図のように不整形地の地積を間口距離で除して算出した計算上の奥行距離を基として求めた整形地により計算する方法

213

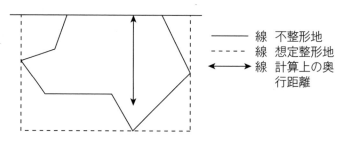

| | |
|---|---|
| ——— 線 | 不整形地 |
| - - - - 線 | 想定整形地 |
| ←——→ 線 | 計算上の奥<br>行距離 |

(注) ただし、計算上の奥行距離は、不整形地の全域を囲む、正面路線に面する<br>るく形又は正方形の土地（以下「想定整形地」という。）の奥行距離を限度<br>とする。

⑶ 次図のように不整形地に近似する整形地（以下「近似整形地」という。）<br>を求め、その設定した近似整形地を基として計算する方法

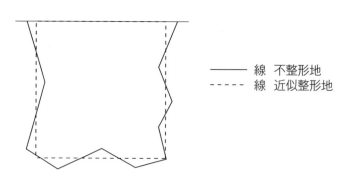

| | |
|---|---|
| ——— 線 | 不整形地 |
| - - - - 線 | 近似整形地 |

(注) 近似整形地は、近似整形地からはみ出す不整形地の部分の地積と近似整<br>形地に含まれる不整形地以外の部分の地積がおおむね等しく、かつ、その<br>合計地積ができるだけ小さくなるように求める（⑷において同じ。）。

⑷ 次図のように近似整形地（①）を求め、隣接する整形地（②）と合わせ<br>て全体の整形地の価額の計算をしてから、隣接する整形地（②）の価額を<br>差し引いた価額を基として計算する方法

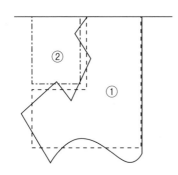

| | |
|---|---|
| ──── 線 | 不整形地 |
| ---- 線 | 近似整形地 |
| ─·─·─ 線 | 隣接する整形地 |

**（地積規模の大きな宅地の評価）**

20－2　地積規模の大きな宅地（三大都市圏においては500㎡以上の地積の宅地、それ以外の地域においては1,000㎡以上の地積の宅地をいい、次の⑴から⑶までのいずれかに該当するものを除く。以下本項において「地積規模の大きな宅地」という。）で14－2《地区》の定めにより普通商業・併用住宅地区及び普通住宅地区として定められた地域に所在するものの価額は、15《奥行価格補正》から前項までの定めにより計算した価額に、その宅地の地積の規模に応じ、次の算式により求めた規模格差補正率を乗じて計算した価額によって評価する。

⑴　市街化調整区域（都市計画法第34条第10号又は第11号の規定に基づき宅地分譲に係る同法第4条《定義》第12項に規定する開発行為を行うことができる区域を除く。）に所在する宅地

⑵　都市計画法第8条《地域地区》第1項第1号に規定する工業専用地域に所在する宅地

⑶　容積率（建築基準法（昭和25年法律第201号）第52条《容積率》第1項に規定する建築物の延べ面積の敷地面積に対する割合をいう。）が10分の40（東京都の特別区（地方自治法（昭和22年法律第67号）第281条《特別区》第1項に規定する特別区をいう。）においては10分の30）以上の地域

に所在する宅地

（算式）

$$規模格差補正率 = \frac{Ⓐ \times Ⓑ + Ⓒ}{地積規模の大きな宅地の地積（Ⓐ）} \times 0.8$$

上の算式中の「Ⓑ」及び「Ⓒ」は、地積規模の大きな宅地が所在する地域に応じ、それぞれ次に掲げる表のとおりとする。

イ　三大都市圏に所在する宅地

| 地区区分 | 普通商業・併用住宅地区、普通住宅地区 | 普通商業・併用住宅地区、普通住宅地区 |
|---|---|---|
| 記　号 | Ⓑ | Ⓒ |
| 地　積 | | |
| 500㎡以上　1,000㎡未満 | 0.95 | 25 |
| 1,000㎡以上　3,000㎡未満 | 0.90 | 75 |
| 3,000㎡以上　5,000㎡未満 | 0.85 | 225 |
| 5,000㎡以上 | 0.80 | 475 |

ロ　三大都市圏以外の地域に所在する宅地

| 地区区分 | 普通商業・併用住宅地区、普通住宅地区 | 普通商業・併用住宅地区、普通住宅地区 |
|---|---|---|
| 記　号 | Ⓑ | Ⓒ |
| 地　積 | | |
| 1,000㎡以上　3,000㎡未満 | 0.90 | 100 |
| 3,000㎡以上　5,000㎡未満 | 0.85 | 250 |
| 5,000㎡以上 | 0.80 | 500 |

（注）1　上記算式により計算した規模格差補正率は、小数点以下第2位未満を切り捨てる。

2　「三大都市圏」とは、次の地域をいう。

イ　首都圏整備法（昭和31年法律第83号）第2条《定義》第3項に規定

する既成市街地又は同条第4項に規定する近郊整備地帯

　　ロ　近畿圏整備法（昭和38年法律第129号）第2条《定義》第3項に規定する既成都市区域又は同条第4項に規定する近郊整備区域

　　ハ　中部圏開発整備法（昭和41年法律第102号）第2条《定義》第3項に規定する都市整備区域

## （無道路地の評価）

20-3　無道路地の価額は、実際に利用している路線の路線価に基づき20《不整形地の評価》又は前項の定めによって計算した価額からその価額の100分の40の範囲内において相当と認める金額を控除した価額によって評価する。この場合において、100分の40の範囲内において相当と認める金額は、無道路地について建築基準法その他の法令において規定されている建築物を建築するために必要な道路に接すべき最小限の間口距離の要件（以下「接道義務」という。）に基づき最小限度の通路を開設する場合のその通路に相当する部分の価額（路線価に地積を乗じた価額）とする。

（注）1　無道路地とは、道路に接しない宅地（接道義務を満たしていない宅地を含む。）をいう。

　　　2　20《不整形地の評価》の定めにより、付表5「不整形地補正率表」の（注）3の計算をするに当たっては、無道路地が接道義務に基づく最小限度の間口距離を有するものとして間口狭小補正率を適用する。

## （間口が狭小な宅地等の評価）

20-4　次に掲げる宅地（不整形地及び無道路地を除く。）の価額は、15《奥行価格補正》から18《三方又は四方路線影響加算》までの定めにより計算した1平方メートル当たりの価額にそれぞれ次に掲げる補正率表に定める補正率を乗じて求めた価額にこれらの宅地の地積を乗じて計算した価額によって評価する。この場合において、地積が大きいもの等にあっては、近傍の宅地の価額との均衡を考慮し、それぞれの補正率表に定める補正率を適宜修正することができる。

なお、20－2《地積規模の大きな宅地の評価》の定めの適用がある場合には、本項本文の定めにより評価した価額に、20－2に定める規模格差補正率を乗じて計算した価額によって評価する。

(1)　間口が狭小な宅地　付表6「間口狭小補正率表」

(2)　奥行が長大な宅地　付表7「奥行長大補正率表」

**（がけ地等を有する宅地の評価）**

20－5　がけ地等で通常の用途に供することができないと認められる部分を有する宅地（次項の定めにより評価するものを除く。）の価額は、その宅地のうちに存するがけ地等ががけ地等でないとした場合の価額に、その宅地の総地積に対するがけ地部分等通常の用途に供することができないと認められる部分の地積の割合に応じて付表8「がけ地補正率表」に定める補正率を乗じて計算した価額によって評価する。

**（土砂災害特別警戒区域内にある宅地の評価）**

20－6　土砂災害特別警戒区域内（土砂災害警戒区域等における土砂災害防止対策の推進に関する法律（平成12年法律第57号）第9条《土砂災害特別警戒区域》第1項に規定する土砂災害特別警戒区域の区域内をいう。以下同じ。）となる部分を有する宅地の価額は、その宅地のうちの土砂災害特別警戒区域内となる部分が土砂災害特別警戒区域内となる部分でないものとした場合の価額に、その宅地の総地積に対する土砂災害特別警戒区域内となる部分の地積の割合に応じて付表9「特別警戒区域補正率表」に定める補正率を乗じて計算した価額によって評価する。

**（容積率の異なる2以上の地域にわたる宅地の評価）**

20－7　容積率（建築基準法第52条に規定する建築物の延べ面積の敷地面積に対する割合をいう。以下同じ。）の異なる2以上の地域にわたる宅地の価額は、15《奥行価格補正》から前項までの定めにより評価した価額から、その価額に次の算式により計算した割合を乗じて計算した金額を控除した価額に

よって評価する。この場合において適用する「容積率が価額に及ぼす影響度」は、14－2《地区》に定める地区に応じて下表のとおりとする。

$$1 - \frac{容積率の異なる部分の各部分に適用される容積率にその各部分の地積を乗じて計算した数値の合計}{正面路線に接する部分の容積率 \times 宅地の総地積} \times \begin{array}{l}容積率が価額\\に及ぼす影響\\度\end{array}$$

○　容積率が価額に及ぼす影響度

| 地区区分 | 影響度 |
|---|---|
| 高度商業地区、繁華街地区 | 0.8 |
| 普通商業・併用住宅地区 | 0.5 |
| 普通住宅地区 | 0.1 |

(注)1　上記算式により計算した割合は、小数点以下第3位未満を四捨五入して求める。

　　2　正面路線に接する部分の容積率が他の部分の容積率よりも低い宅地のように、この算式により計算した割合が負数となるときは適用しない。

　　3　2以上の路線に接する宅地について正面路線の路線価に奥行価格補正率を乗じて計算した価額からその価額に上記算式により計算した割合を乗じて計算した金額を控除した価額が、正面路線以外の路線の路線価に奥行価格補正率を乗じて計算した価額を下回る場合におけるその宅地の価額は、それらのうち最も高い価額となる路線を正面路線とみなして15《奥行価格補正》から前項までの定めにより計算した価額によって評価する。なお、15《奥行価格補正》から前項までの定めの適用については、正面路線とみなした路線の14－2《地区》に定める地区区分によることに留意する。

**（倍率方式）**

21　倍率方式とは、固定資産税評価額（地方税法第381条《固定資産課税台帳の登録事項》の規定により土地課税台帳若しくは土地補充課税台帳（同条第8項の規定により土地補充課税台帳とみなされるものを含む。）に登録され

た基準年度の価格又は比準価格をいう。以下この章において同じ。）に国税
局長が一定の地域ごとにその地域の実情に即するように定める倍率を乗じて
計算した金額によって評価する方式をいう。

（倍率方式による評価）

21－2　倍率方式により評価する宅地の価額は、その宅地の固定資産税評価額
に地価事情の類似する地域ごとに、その地域にある宅地の売買実例価額、公
示価格、不動産鑑定士等による鑑定評価額、精通者意見価格等を基として国
税局長の定める倍率を乗じて計算した金額によって評価する。ただし、倍率
方式により評価する地域（以下「倍率地域」という。）に所在する20－2
《地積規模の大きな宅地の評価》に定める地積規模の大きな宅地（22－2
《大規模工場用地》に定める大規模工場用地を除く。）の価額については、本
項本文の定めにより評価した価額が、その宅地が標準的な間口距離及び奥行
距離を有する宅地であるとした場合の１平方メートル当たりの価額を14《路
線価》に定める路線価とし、かつ、その宅地が14－2《地区》に定める普通
住宅地区に所在するものとして20－2の定めに準じて計算した価額を上回る
場合には、20－2の定めに準じて計算した価額により評価する。

（大規模工場用地の評価）

22　大規模工場用地の評価は、次に掲げる区分に従い、それぞれ次に掲げると
ころによる。ただし、その地積が20万平方メートル以上のものの価額は、次
により計算した価額の100分の95に相当する価額によって評価する。

　(1)　路線価地域に所在する大規模工場用地の価額は、正面路線の路線価にそ
の大規模工場用地の地積を乗じて計算した価額によって評価する。

　(2)　倍率地域に所在する大規模工場用地の価額は、その大規模工場用地の固
定資産税評価額に倍率を乗じて計算した金額によって評価する。

（大規模工場用地）

22－2　前項の「大規模工場用地」とは、一団の工場用地の地積が５万平方メ

ートル以上のものをいう。ただし、路線価地域においては、14－2《地区》の定めにより大工場地区として定められた地域に所在するものに限る。

(注)　「一団の工場用地」とは、工場、研究開発施設等の敷地の用に供されている宅地及びこれらの宅地に隣接する駐車場、福利厚生施設等の用に供されている一団の土地をいう。なお、その土地が、不特定多数の者の通行の用に供されている道路、河川等により物理的に分離されている場合には、その分離されている一団の工場用地ごとに評価することに留意する。

**(大規模工場用地の路線価及び倍率)**

22－3　22《大規模工場用地の評価》の「路線価」及び「倍率」は、その大規模工場用地がその路線（倍率を定める場合は、その大規模工場用地の価格に及ぼす影響が最も高いと認められる路線）だけに接していて地積がおおむね5万平方メートルのく形又は正方形の宅地として、売買実例価額、公示価格、不動産鑑定士等による鑑定評価額、精通者意見価格等を基に国税局長が定める。

**(余剰容積率の移転がある場合の宅地の評価)**

23　余剰容積率を移転している宅地又は余剰容積率の移転を受けている宅地の評価は、次に掲げる区分に従い、それぞれ次に掲げるところによる。

(1)　余剰容積率を移転している宅地の価額は、原則として、11《評価の方式》から21－2《倍率方式による評価》までの定めにより評価したその宅地の価額を基に、設定されている権利の内容、建築物の建築制限の内容等を勘案して評価する。ただし、次の算式により計算した金額によって評価することができるものとする。

$$A \times \left( 1 - \frac{B}{C} \right)$$

上の算式中の「A」、「B」及び「C」は、それぞれ次による。

「A」＝余剰容積率を移転している宅地について、11《評価の方式》から

21－2《倍率方式による評価》までの定めにより評価した価額

「B」＝区分地上権の設定等に当たり収受した対価の額

「C」＝区分地上権の設定等の直前における余剰容積率を移転している宅地の通常の取引価額に相当する金額

(2)　余剰容積率の移転を受けている宅地の価額は、原則として、11《評価の方式》から21－2《倍率方式による評価》までの定めにより評価したその宅地の価額を基に、容積率の制限を超える延べ面積の建築物を建築するために設定している権利の内容、建築物の建築状況等を勘案して評価する。ただし、次の算式により計算した金額によって評価することができるものとする。

$$D \times \left( 1 + \frac{E}{F} \right)$$

上の算式中の「D」、「E」及び「F」は、それぞれ次による。

「D」＝余剰容積率の移転を受けている宅地について、11《評価の方式》から21－2《倍率方式による評価》までの定めにより評価した価額

「E」＝区分地上権の設定等に当たり支払った対価の額

「F」＝区分地上権の設定等の直前における余剰容積率の移転を受けている宅地の通常の取引価額に相当する金額

（注）　余剰容積率を有する宅地に設定された区分地上権等は、独立した財産として評価しないこととし、余剰容積率の移転を受けている宅地の価額に含めて評価するものとする。

**（余剰容積率を移転している宅地又は余剰容積率の移転 を受けている宅地）**

23－2　前項の「余剰容積率を移転している宅地」又は「余剰容積率の移転を受けている宅地」とは、それぞれ次のものをいう。

(1)「余剰容積率を移転している宅地」とは、容積率の制限に満たない延べ面積の建築物が存する宅地（以下「余剰容積率を有する宅地」という。）

で、その宅地以外の宅地に容積率の制限を超える延べ面積の建築物を建築することを目的とし、区分地上権、地役権、賃借権等の建築物の建築に関する制限が存する宅地をいう。

(2)　「余剰容積率の移転を受けている宅地」とは、余剰容積率を有する宅地に区分地上権、地役権、賃借権の設定を行う等の方法により建築物の建築に関する制限をすることによって容積率の制限を超える延べ面積の建築物を建築している宅地をいう。

**（私道の用に供されている宅地の評価）**

24　私道の用に供されている宅地の価額は、11《評価の方式》から21－2《倍率方式による評価》までの定めにより計算した価額の100分の30に相当する価額によって評価する。この場合において、その私道が不特定多数の者の通行の用に供されているときは、その私道の価額は評価しない。

**（土地区画整理事業施行中の宅地の評価）**

24－2　土地区画整理事業（土地区画整理法（昭和29年法律第119号）第2条《定義》第1項又は第2項に規定する土地区画整理事業をいう。）の施行地区内にある宅地について同法第98条《仮換地の指定》の規定に基づき仮換地が指定されている場合におけるその宅地の価額は、11《評価の方式》から21－2《倍率方式による評価》まで及び前項の定めにより計算したその仮換地の価額に相当する価額によって評価する。

ただし、その仮換地の造成工事が施工中で、当該工事が完了するまでの期間が1年を超えると見込まれる場合の仮換地の価額に相当する価額は、その仮換地について造成工事が完了したものとして、本文の定めにより評価した価額の100分の95に相当する金額によって評価する。

(注)　仮換地が指定されている場合であっても、次の事項のいずれにも該当するときには、従前の宅地の価額により評価する。

1　土地区画整理法第99条《仮換地の指定の効果》第2項の規定により、仮

換地について使用又は収益を開始する日を別に定めるとされているため、当該仮換地について使用又は収益を開始することができないこと。

2 仮換地の造成工事が行われていないこと。

**（造成中の宅地の評価）**

24-3 造成中の宅地の価額は、その土地の造成工事着手直前の地目により評価した課税時期における価額に、その宅地の造成に係る費用現価（課税時期までに投下した費用の額を課税時期の価額に引き直した額の合計額をいう。以下同じ。）の100分の80に相当する金額を加算した金額によって評価する。

24-4 削除（平29課評2-46外）

**（農業用施設用地の評価）**

24-5 農業振興地域の整備に関する法律（昭和44年法律第58号）第8条第2項第1号に規定する農用地区域（以下「農用地区域」という。）内又は市街化調整区域内に存する農業用施設（農業振興地域の整備に関する法律第3条第3号及び第4号に規定する施設をいう。）の用に供されている宅地（以下本項において「農業用施設用地」という。）の価額は、その宅地が農地であるとした場合の1平方メートル当たりの価額に、その農地を課税時期において当該農業用施設の用に供されている宅地とする場合に通常必要と認められる1平方メートル当たりの造成費に相当する金額として、整地、土盛り又は土止めに要する費用の額がおおむね同一と認められる地域ごとに国税局長の定める金額を加算した金額に、その宅地の地積を乗じて計算した金額によって評価する。

ただし、その農業用施設用地の位置、都市計画法の規定による建築物の建築に関する制限の内容等により、その付近にある宅地（農業用施設用地を除く。）の価額に類似する価額で取引されると認められることから、上記の方法によって評価することが不適当であると認められる農業用施設用地（農用地区域内に存するものを除く。）については、その付近にある宅地（農業用

施設用地を除く。）の価額に比準して評価することとする。

（注）1　その宅地が農地であるとした場合の１平方メートル当たりの価額は、その付近にある農地について37《純農地の評価》又は38《中間農地の評価》に定める方式によって評価した１平方メートル当たりの価額を基として評価するものとする。

　　　2　農用地区域内又は市街化調整区域内に存する農業用施設の用に供されている雑種地の価額については、本項の定めに準じて評価することに留意する。

**（セットバックを必要とする宅地の評価）**

24－6　建築基準法第42条《道路の定義》第２項に規定する道路に面しており、将来、建物の建替え時等に同法の規定に基づき道路敷きとして提供しなければならない部分を有する宅地の価額は、その宅地について道路敷きとして提供する必要がないものとした場合の価額から、その価額に次の算式により計算した割合を乗じて計算した金額を控除した価額によって評価する。

（算式）

$$\frac{将来、建物の建替え時等に道路敷きとして提供しなければならない部分の地積}{宅地の総地積} \times 0.7$$

**（都市計画道路予定地の区域内にある宅地の評価）**

24－7　都市計画道路予定地の区域内（都市計画法第４条第６項に規定する都市計画施設のうちの道路の予定地の区域内をいう。）となる部分を有する宅地の価額は、その宅地のうちの都市計画道路予定地の区域内となる部分が都市計画道路予定地の区域内となる部分でないものとした場合の価額に、次表の地区区分、容積率、地積割合の別に応じて定める補正率を乗じて計算した価額によって評価する。

| 地区区分 | ビル街地区、高度商業地区 | | 繁華街地区、普通商業・併用住宅地区 | | | | 普通住宅地区、中小工場地区、大工場地区 | | |
|---|---|---|---|---|---|---|---|---|---|
| 容積率 地積割合 | 700%未満 | 700%以上 | 300%未満 | 300%以上400%未満 | 400%以上500%未満 | 500%以上 | 200%未満 | 200%以上300%未満 | 300%以上 |
| 30%未満 | 0.88 | 0.85 | 0.97 | 0.94 | 0.91 | 0.88 | 0.99 | 0.97 | 0.94 |
| 30%以上 60%未満 | 0.76 | 0.70 | 0.94 | 0.88 | 0.82 | 0.76 | 0.98 | 0.94 | 0.88 |
| 60%以上 | 0.60 | 0.50 | 0.90 | 0.80 | 0.70 | 0.60 | 0.97 | 0.90 | 0.80 |

（注）　地積割合とは、その宅地の総地積に対する都市計画道路予定地の部分の地積の割合をいう。

**（文化財建造物である家屋の敷地の用に供されている宅地の評価）**

24－8　文化財保護法（昭和25年法律第214号）第27条第１項に規定する重要文化財に指定された建造物、同法第58条第１項に規定する登録有形文化財である建造物及び文化財保護法施行令（昭和50年政令第267号）第４条第３項第１号に規定する伝統的建造物（以下本項、83－３《文化財建造物である構築物の敷地の用に供されている土地の評価》、89－２《文化財建造物である家屋の評価》及び97－２《文化財建造物である構築物の評価》において、これらを「文化財建造物」という。）である家屋の敷地の用に供されている宅地の価額は、それが文化財建造物である家屋の敷地でないものとした場合の価額から、その価額に次表の文化財建造物の種類に応じて定める割合を乗じて計算した金額を控除した金額によって評価する。

　　なお、文化財建造物である家屋の敷地の用に供されている宅地（21《倍率方式》に定める倍率方式により評価すべきものに限る。）に固定資産税評価額が付されていない場合には、文化財建造物である家屋の敷地でないものとした場合の価額は、その宅地と状況が類似する付近の宅地の固定資産税評価

額を基とし、付近の宅地とその宅地との位置、形状等の条件差を考慮して、その宅地の固定資産税評価額に相当する額を算出し、その額に倍率を乗じて計算した金額とする。

| 文化財建造物の種類 | 控除割合 |
|:---:|:---:|
| 重要文化財 | 0.7 |
| 登録有形文化財 | 0.3 |
| 伝統的建造物 | 0.3 |

（注）　文化財建造物である家屋の敷地とともに、その文化財建造物である家屋と一体をなして価値を形成している土地がある場合には、その土地の価額は、本項の定めを適用して評価することに留意する。したがって、例えば、その文化財建造物である家屋と一体をなして価値を形成している山林がある場合には、この通達の定めにより評価した山林の価額から、その価額に本項の文化財建造物の種類に応じて定める割合を乗じて計算した金額を控除した金額によって評価する。

（貸宅地の評価）

25　宅地の上に存する権利の目的となっている宅地の評価は、次に掲げる区分に従い、それぞれ次に掲げるところによる。

⑴　借地権の目的となっている宅地の価額は、11《評価の方式》から22−3《大規模工場用地の路線価及び倍率》まで、24《私道の用に供されている宅地の評価》、24−2《土地区画整理事業施行中の宅地の評価》及び24−6《セットバックを必要とする宅地の評価》から24−8《文化財建造物である家屋の敷地の用に供されている宅地の評価》までの定めにより評価したその宅地の価額（以下この節において「自用地としての価額」という。）から27《借地権の評価》の定めにより評価したその借地権の価額（同項のただし書の定めに該当するときは、同項に定める借地権割合を100分の20として計算した価額とする。25−3《土地の上に存する権利が競合する場合の宅地の評価》において27−6《土地の上に存する権利が競合する場

の借地権等の評価》の定めにより借地権の価額を計算する場合において同じ。）を控除した金額によって評価する。

　ただし、借地権の目的となっている宅地の売買実例価額、精通者意見価格、地代の額等を基として評定した価額の宅地の自用地としての価額に対する割合（以下「貸宅地割合」という。）がおおむね同一と認められる地域ごとに国税局長が貸宅地割合を定めている地域においては、その宅地の自用地としての価額にその貸宅地割合を乗じて計算した金額によって評価する。

(2)　定期借地権等の目的となっている宅地の価額は、原則として、その宅地の自用地としての価額から、27−2《定期借地権等の評価》の定めにより評価したその定期借地権等の価額を控除した金額によって評価する。

　ただし、同項の定めにより評価した定期借地権等の価額が、その宅地の自用地としての価額に次に掲げる定期借地権等の残存期間に応じる割合を乗じて計算した金額を下回る場合には、その宅地の自用地としての価額からその価額に次に掲げる割合を乗じて計算した金額を控除した金額によって評価する。

イ　残存期間が5年以下のもの　100分の5

ロ　残存期間が5年を超え10年以下のもの　100分の10

ハ　残存期間が10年を超え15年以下のもの　100分の15

ニ　残存期間が15年を超えるもの　100分の20

(3)　地上権の目的となっている宅地の価額は、その宅地の自用地としての価額から相続税法第23条《地上権及び永小作権の評価》又は地価税法第24条《地上権及び永小作権の評価》の規定により評価したその地上権の価額を控除した金額によって評価する。

(4)　区分地上権の目的となっている宅地の価額は、その宅地の自用地としての価額から27−4《区分地上権の評価》の定めにより評価したその区分地

上権の価額を控除した金額によって評価する。

⑸　区分地上権に準ずる地役権の目的となっている承役地である宅地の価額
は、その宅地の自用地としての価額から27－5《区分地上権に準ずる地役
権の評価》の定めにより評価したその区分地上権に準ずる地役権の価額を
控除した金額によって評価する。

**（倍率方式により評価する宅地の自用地としての価額）**

25－2　倍率地域にある区分地上権の目的となっている宅地又は区分地上権に
準ずる地役権の目的となっている承役地である宅地の自用地としての価額は、
その宅地の固定資産税評価額が地下鉄のずい道の設置、特別高圧架空電線の
架設がされていること等に基づく利用価値の低下を考慮したものである場合
には、その宅地の利用価値の低下がないものとして評価した価額とする。

なお、宅地以外の土地を倍率方式により評価する場合の各節に定める土地
の自用地としての価額についても、同様とする。

**（土地の上に存する権利が競合する場合の宅地の評価）**

25－3　土地の上に存する権利が競合する場合の宅地の価額は、次に掲げる区
分に従い、それぞれ次の算式により計算した金額によって評価する。

⑴　借地権、定期借地権等又は地上権及び区分地上権の目的となっている宅
地の価額

$$\begin{array}{c}\text{その宅}\\\text{地の自}\\\text{用地と}\\\text{しての}\\\text{価額}\end{array} - \left[\begin{array}{c}27-4\text{《区分地}\\\text{上権の評価》の}\\\text{定めにより評価}\\\text{した区分地上権}\\\text{の価額}\end{array} + \begin{array}{c}27-6\text{《土地の上に存する権利}\\\text{が競合する場合の借地権等の評}\\\text{価》⑴の定めにより評価した借}\\\text{地権、定期借地権等又は地上権}\\\text{の価額}\end{array}\right]$$

⑵　区分地上権及び区分地上権に準ずる地役権の目的となっている承役地で
ある宅地の価額

$$\begin{pmatrix}その宅地\\の自用地\\としての\\価額\end{pmatrix} - \begin{pmatrix}27-4の定め\\により評価し\\た区分地上権\\の価額\end{pmatrix} + \begin{pmatrix}27-5 《区分地上権に準ずる地\\役権の評価》の定めにより評\\価した区分地上権に準ずる地役権\\の価額\end{pmatrix}$$

(3) 借地権、定期借地権等又は地上権及び区分地上権に準ずる地役権の目的となっている承役地である宅地の価額

$$\begin{pmatrix}その宅地\\の自用地\\としての\\価額\end{pmatrix} - \begin{pmatrix}27-5の定めにより\\評価した区分地上権\\に準ずる地役権の価\\額\end{pmatrix} + \begin{pmatrix}27-6(2)の定めにより評\\価した借地権、定期借地\\権等又は地上権の価額\end{pmatrix}$$

(注) 国税局長が貸宅地割合を定めている地域に存する借地権の目的となっている宅地の価額を評価する場合には、25 《貸宅地の評価》(1)のただし書の定めにより評価した価額から、当該価額に27-4 《区分地上権の評価》の区分地上権の割合又は27-5 《区分地上権に準ずる地役権の評価》の区分地上権に準ずる地役権の割合を乗じて計算した金額を控除した金額によって評価することに留意する。

# 第3章　家屋及び家屋の上に存する権利

（評価単位）

88　家屋の価額は、原則として、1棟の家屋ごとに評価する。

（家屋の評価）

89　家屋の価額は、その家屋の固定資産税評価額（地方税法第381条《固定資産課税台帳の登録事項》の規定により家屋課税台帳若しくは家屋補充課税台帳に登録された基準年度の価格又は比準価格をいう。以下この章において同じ。）に別表1に定める倍率を乗じて計算した金額によって評価する。

（文化財建造物である家屋の評価）

89-2　文化財建造物である家屋の価額は、それが文化財建造物でないものと

した場合の価額から、その価額に24－8《文化財建造物である家屋の敷地の用に供されている宅地の評価》に定める割合を乗じて計算した金額を控除した金額によって評価する。

　なお、文化財建造物でないものとした場合の価額は、次に掲げる場合の区分に応じ、それぞれ次に掲げる金額によるものとする。

(1)　文化財建造物である家屋に固定資産税評価額が付されている場合

　その文化財建造物の固定資産税評価額を基として前項の定めにより評価した金額

(2)　文化財建造物である家屋に固定資産税評価額が付されていない場合

　その文化財建造物の再建築価額（課税時期においてその財産を新たに建築又は設備するために要する費用の額の合計額をいう。以下同じ。）から、経過年数に応ずる減価の額を控除した価額の100分の70に相当する金額

(注)　「経過年数に応ずる減価の額」は、再建築価額から当該価額に0.1を乗じて計算した金額を控除した価額に、その文化財建造物の残存年数（建築の時から朽廃の時までの期間に相当する年数）のうちに占める経過年数（建築の時から課税時期までの期間に相当する年数（その期間に1年未満の端数があるときは、その端数は1年とする。））の割合を乗じて計算することに留意する。

90　削除（昭41直資3－19）

（建築中の家屋の評価）

91　課税時期において現に建築中の家屋の価額は、その家屋の費用現価の100分の70に相当する金額によって評価する。

（附属設備等の評価）

92　附属設備等の評価は、次に掲げる区分に従い、それぞれ次に掲げるところによる。

(1)　家屋と構造上一体となっている設備

　家屋の所有者が有する電気設備（ネオンサイン、投光器、スポットライ

ト、電話機、電話交換機およびタイムレコーダー等を除く。）、ガス設備、衛生設備、給排水設備、温湿度調整設備、消火設備、避雷針設備、昇降設備、じんかい処理設備等で、その家屋に取り付けられ、その家屋と構造上一体となっているものについては、その家屋の価額に含めて評価する。

(2)　門、塀等の設備

　門、塀、外井戸、屋外じんかい処理設備等の附属設備の価額は、その附属設備の再建築価額から、建築の時から課税時期までの期間（その期間に１年未満の端数があるときは、その端数は１年とする。）の償却費の額の合計額又は減価の額を控除した金額の100分の70に相当する金額によって評価する。この場合における償却方法は、定率法（所得税法施行令第120条の２第１項第１号イ(2)又は法人税法施行令第48条の２第１項第１号イ(2)に規定する定率法をいう。以下同じ。）によるものとし、その耐用年数は減価償却資産の耐用年数等に関する省令（以下「耐用年数省令」という。）に規定する耐用年数による。

(3)　庭園設備

　庭園設備（庭木、庭石、あずまや、庭池等をいう。）の価額は、その庭園設備の調達価額（課税時期においてその財産をその財産の現況により取得する場合の価額をいう。以下同じ。）の100分の70に相当する価額によって評価する。

【著者紹介】 税理士・不動産鑑定士　松本　好正（まつもと　よしまさ）

　平成10年 7 月　東京国税局　課税第一部国税訟務官室
　平成15年 7 月　東京国税局　課税第一部資産評価官付
　平成17年 7 月　板橋税務署　資産課税部門を経て
　平成19年 8 月　松本税理士・不動産鑑定士事務所設立
　現在、東京税理士会麻布支部会員及び公益社団法人日本不動産鑑定士協会
連合会会員、税務大学校講師

〔著書〕

　『事例解説 専門家が教える空き家の売り方 空き家の譲渡所得に係る課税特例のすべて』（大蔵財務協会）

　『事例と解説による　みなし贈与課税の実務』（大蔵財務協会）

　『非上場株式の評価の仕方と記載例』（大蔵財務協会）

　『Ｑ＆Ａ　市街地周辺土地の評価』（大蔵財務協会）

　『借地権課税 質疑応答事例集』（大蔵財務協会）

　『非上場株式評価のＱ＆Ａ』（大蔵財務協会）

　『立体買換と事業用資産の買換えの税務』（大蔵財務協会）

　『非上場株式等についての特例納税猶予制度の申告の手引』（大蔵財務協会）

　『相続税法特有の更正の請求の実務』（大蔵財務協会）

　『Ｑ＆Ａと解説で分かる‼ 実務に役立つ土地の貸借等の評価』（大蔵財務協会）

　『配偶者居住権等を中心とした改正された相続税実務』（税務研究会）

　『実践土地有効活用所法58条の交換・先有地の解消（分割）・立体買換えに係る実務とＱ＆Ａ』（税務研究会）

　『「無償返還」「相当の地代」「使用貸借」等に係る借地権課税のすべて』（税務研究会）

　『基礎控除引下げ後の相続税税務調査対策の手引』（新日本法規）共著

　『ケース・スタディ相続財産評価マニュアル』（新日本法規）相続財産評価実務研究会　編集

　『相続財産調査・算定等の実務』（新日本法規）相続財産調査実務研究会　編集

〔主な執筆〕

　庄司範秋　編　『平成15年版　相続税／贈与税　土地評価の実務』（大蔵財務協会）

　北本高男／庄司範秋　共編　『平成16年版　回答事例による資産税質疑応答集』（大蔵財務協会）

　板垣勝義　編　『平成17年版　図解　財産評価』（大蔵財務協会）

　板垣勝義　編　『平成17年版　株式・公社債評価の実務』（大蔵財務協会）
　（いずれも共同執筆）

## マンション評価の新たな手法
## 居住用区分所有財産の評価の実務

令和6年6月12日　初版印刷
令和6年6月24日　初版発行

不　許
複　製

著　者　　松　本　好　正

（一財）大蔵財務協会　理事長
発行者　　木　村　幸　俊

発行所　　一般財団法人　大 蔵 財 務 協 会
〔郵便番号　130-8585〕
東京都墨田区東駒形1丁目14番1号
（販　売　部）TEL03（3829）4141・FAX03（3829）4001
（出版編集部）TEL03（3829）4142・FAX03（3829）4005
https：//www.zaikyo.or.jp

乱丁・落丁はお取替えいたします。　　　　　印刷　恵友社
ISBN978-4-7547-3251-6